TAI JI QUAN TEXT BOOK

見やすい！ 分かりやすい！

簡化二十四式太極拳入門

〈新装改訂版〉

李徳芳
呉増楽［著］

BABジャパン

目次

目次

はじめに

簡化二十四式太極拳は１９５６年、健康法として太極拳を広く普及させるという中国政府の方針のもとに、当時の中国国家体育運動委員会から委託を受けた私の父李天驥《りてんき》が、責任を持って構成・編纂したものです。政府によってテキストとして発表されると、中国全土に瞬く間に広がり、高い評価を得るに至りました。

振り返って見ますと、簡化二十四式太極拳が作られてから、早や半世紀が過ぎました。その間、太極拳は普及・発展し、中国全土に留まらず、世界五大陸の１５０以上の国々や地域に伝えられてきました。このことからも各国の太極拳愛好者たちが、この中国特有の優れた伝統文化に対し、高い関心と深い理解を示していることは一目瞭然であります。

24 式太極拳を編纂するときの父

父と古井喜実氏

１９５９年10月、「新中国成立10周年」を迎えた際に、松村謙三氏を団長とし、古井喜実氏らで構成された日本代表団が中国を訪問され、周恩来総理と廖承志中日友好協会会長の盛大なる歓迎を受けました。その際に松村謙三氏は中国太極拳を学びたいとの希望を出したところ、周総理が快く承諾され、周総理が李天驥老師を紹介し、さらに国家体育運動委員会に日本の友人に太極拳を指導せよとの指示を出しました。李天驥が指示を受けて松村氏と古井氏が宿泊されている賓館へ幾度となく足を運び、太極拳を指導することになりました。訪問を終え、送別パーティーの席上で、松村氏は李天驥の手を握ってこう語りました。

「私たちを応援してくださると聞いて非常に嬉しかった。帰国したら必ず日本の地に太極拳が根付くように頑張りたい。」

李夢華氏（当時国家体育運動委員会主任）が中国政府を代表して日本代表団に太極拳に関する書籍と二十四式太極拳の掛図を贈りました。なお、その直後より古井喜実氏が毎年訪問し、中日国交回復に努力する傍ら、李天驥に学び、日本に太極拳を根付かせ、日本での大きな発展につながるのであります。

太極拳は、中国の優れた伝統文化のひとつで、中国古典哲学思想（無極・太極・陰陽説等）を基礎として中国医学及び古代養生理論を加味し、中国拳法と結合することにより、中国武術の一つともなっています。さらに、人体にとっては、きわめて有益な健康効果があり、老若男女を問わず、生涯を健康に過ごすための、良き伴侶であるといえましょう。

簡化二十四式太極拳は、楊式太極拳を基礎とし、その代表的な技法を取り入れ、適度な運動量を兼ね備えた構成で、大変学びやすく、また、普及に適するように考慮されています。近代太極拳の普及発展の扉を開いたばかりでなく、中国太極拳史上においても、欠かすことのできない一ページとなったといってよいでしょう。このためには、編纂者の功労は当然のことながら、中国政府の、太極拳を広め普及をはかろうとする、大きな方針が正しく、力強いものであったといえます。

本書『簡化二十四式太極拳入門』は、私が、父である李天驥の教えを守りつつ、私自身の三十数年間にわたる太極拳指導の経験をいかして、初級者向けに、簡化二十四式太極拳の正しい学び方を紹介したものです。練習にあたって、本書の基本技術の要領および練習の要領を正確に理解すれば、太極拳の基本技術を短期間にマスターできるばかりでなく健康面においても、すばらしい効果が得られることはいうまでもありません。ただし、初級者が学びはじめの頃には、要領の理解が難しいと感じることがあるでしょう。しかし、先生の指導を受けたりビデオを見たりして、真面目に練習に取り組めば、必ず上達することができるはずです。

本書は２００１年に出版されて以来、読者の皆さんに歓迎され、また今回、新装改訂版として再版されることを心よりうれしく思います。特に今年は、父である李天驥の生誕１００周年にあたり、本書をお祝いの贈り物として捧げます。

最後に、本書の刊行にあたり多大なる御協力を頂いた公益財団法人日中友好会館・日中健康センター小池勤先生、そして、唐松滋子氏、粕谷泰介氏、ＢＡＢジャパン出版局のみなさまに心より感謝の意を表します。

２０１４年９月　著者

太極拳基本技術の要領

太極拳の基本技術には、身型《シェンシン》・身法《シェンファー》・手型《ショウシン》・手法《ショウファー》・歩型《ブーシン》・歩法《ブーファー》・腿法《トイファー》・眼法《イェンファー》などがある。要するに、これらは身体の各部分の姿勢や動作に対する具体的な要求である。簡化二十四式太極拳は、24個の技の組み合わせを一つの套路《タオルー》（1セットになっている基本技法）にしたものである。ここではそれぞれの基本技術の要領を紹介する。

身型《シェンシン》・身法《シェンファー》

1　身型

身型とは、身体が練習している時の状態を指す。太極拳の身型の具体的な要領は、次の通りである。

①頭・頚部

太極拳理論の中では、頭・頚部に対して虚領頂勁《シュイリンディンジン》、頂頭懸《ディントウシュワン》などの要領が述べられている。これらの意味は意識を百会《バイホイ》（頭頂部の真ん中にあるツボ）というツボのところに集中して、頭を上に軽く突き上げるように、あるいは、吊り上げられるようにして首筋を伸ばすということである。しかし、力を入れたり、硬直したりしてはいけない。そして、顔の表情は自然にして、目をいからせたり、眉を吊り上げたりしないようにする。口は軽く閉じ、舌先を軽く上顎につけ（これによって唾液の分泌量が増大される）、上下の歯は自然にして何かをかむような感じにしてはいけない。

　頭・頚部がこのような状態になれば、大脳の活動は安定し、体の動きや呼吸の支配、調節がうまくいくようになる。

尾閭中正神貫頂《ウェイリュイヂョンヂョンシェングワンディン》、満身軽利頂頭懸《マンシンチンリーディントウシュワン》（尾閭〔脊椎の下部、仙骨のあたり〕を中正にして、神は頂を貫き、満身、軽利にして頂頭に懸《かか》げよ）という言葉は、長年の実践の中で総括された経験によるものである。要するに、背筋を真っ直ぐにして頂頭懸（頭部が吊り上げられるよう）にしなければ、太極拳の動きは伸び伸びと行なうことができない。逆に、頭を真っ直ぐにせず、顎が前に出たり、首筋が曲がったりすると、呼吸が深く長くできなくなって、必要のない筋肉に緊張が生じ、体も硬くなり、バランスが崩れて、立身中正な姿勢を保つことができないという意味である。

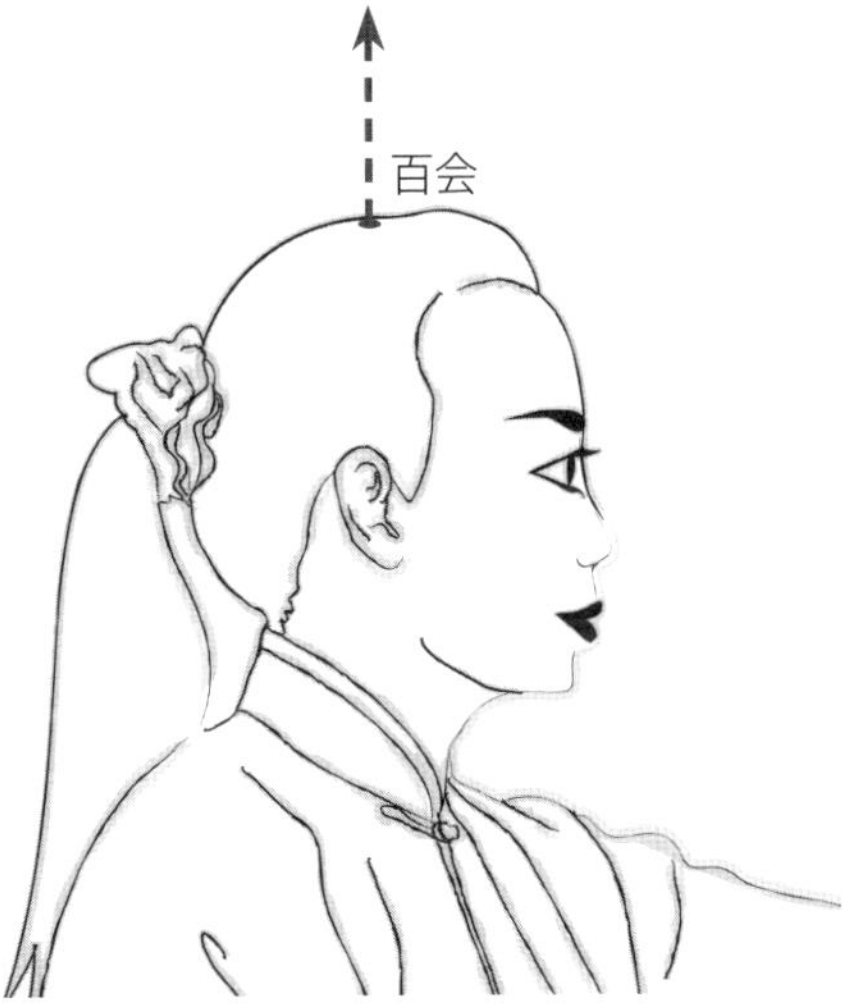

② 肩・肘部

肩・肘部の姿勢は沈肩垂肘《チンジエンチュイジョウ》が要求されている。その意味は、肩の力を意識的に抜いて沈め、肘を下に落とすことである。肩を沈めることによって気も丹田*に沈める（気沈丹田《チーチンダンテン》）と、気持ちが落ち着くようになる。肩をいからせると、胸や背中などの姿勢が悪くなり、腕の動きが硬くなって疲れやすくなる。肘関節は自然にゆるめ、やや下げ、腕を真っ直ぐに伸ばし切らないように注意すれば、腕の屈伸と虚実の転換が容易になり、動きも円滑になって肩を沈ませやすい。

*丹田——丹は朱砂（丹砂）という鉱石であり、精神を安定させ、精気を強くするという薬でもある。田は畑を指す。丹田は中国古代養生理論の中で丹を練る部位を示すものである。鍼灸学では臍下の気海穴というツボを丹田と呼び、武術では臍下の小腹部を丹田と呼ぶ。

③ 手・手首

手は太極拳の技を表現する重要な部分である。基本技術としては展指《ヂャンジー》・舒掌《シュウヂャン》・塌腕《ターワン》（勾手《ゴウショウ》と拳の形を

除く）が要求されている。展指、舒掌とは、掌と指を自然に伸展することである。虎口《フーコウ》（人差指と親指の間）は円形を保ち、リラックスした状態にせねばならない。

塌腕とは、手首を沈めることである。動作を完成する時に、手首を下に沈めることによって、太極拳の松沈《ソンチン》（体をリラックスさせ、気は沈めること）の勁力が表現できる。しかし、体を硬くして沈めたり極端にゆるめたりすると、動作の流れが悪くなり勁力も切れてしまう。

④胸・背部

この部分に対する要領は含胸抜背《ハンシュンバーベイ》である。含胸とは、胸の筋肉を自然にゆるめることである。わざと両肩を内側に合わせたり、胸廓を小さく縮めたりしてはならない。逆に、力を入れて張り出すような感じにしてもいけない。そのようにすると姿勢が悪くなり、自然な呼吸ができなくなる。抜背とは、背中を伸びやかにすることである。しかし、力を抜きすぎて猫背になってはいけないので注意する。

⑤腰・腹部

腰・腹部の要領は松腰実腹《ソンヨウシーフー》が要求される。松腰とは、腰を自然に伸ばして、リラックスさせることである。太極拳を行なう場合、腰の基本的な状態は、背中は真っ直ぐにして自然に伸ばし、椅子に坐っている時の感じである。腰は人間の上半身と下半身を結ぶ部分であり、車の軸のような役割をはたすところであるから、リラックスさせながら自在に動けるようにしなければならない。実腹とは、単純に腹筋を収縮させることではなく、気沈丹田にして腹中に気を充実させることである。しかし、力を入れて息を止めることではない。

『太極十三勢歌』(十三勢は太極拳の八法五歩*、合わせて13の基本技術を指している。十三勢歌は練習の要領を歌にしたもの)の中に刻刻留心在腰間《コーコーリュウシンザイヨウジェン》、腹内松静気騰然《フーネイソンジンチートンラン》の一節がある。その意味は、いつどんな動作を行なった場合でも腰を中心にして動き、気を丹田に沈めるようにすれば、自然に気はみなぎってくるということである。この歌からも、太極拳で腰・腹部の状態が非常に重視されていることが理解される。

＊八法五歩——掤・捋・擠・按・採・挒・肘・靠の8種類の手法と進・退・顧・盼・定の5種類の歩法を指すことである。

⑥股関節・臀部

太極拳で、股関節・臀部に対して斂臀縮胯《リエントンソークワ》、尾閭中正《ウェイリュイヂョンヂョン》であることが厳しく要求される。

斂臀とは、斂—引き締めるという意味なので、臀部をリラックスさせて突き出さないように引き締め、自然な状態にすることである。縮胯とは、股関節を収めることである。胯は股関節、すなわち、骨盤と大腿骨とを結び付ける臼状の関節のことである。尾閭中正とは、尾閭の部分を真っ直ぐにさせることである。

太極拳の動作は、重心を片足から片足へと移動し、股関節を屈伸しなければならないため、常に股関節と臀部の状態を調整する必要がある。斂臀と縮胯ができなければ尾閭中正もできないので、上体が前傾したり、仰向いたりすると、体のバランスがとりにくくなり、したがって重心を安定させることも難しくなる。

⑦膝・足部

膝と足に対しては**活膝実足**《ホーシーシーゾウ》の要求がある。活膝とは、膝関節が自由に動ける状態にすることである。太極拳理論の中で**縦之於膝**《ゾンジーユイシー》という言葉がある。縦はしたいようにさせるということで、つまり、膝を常に高度なリラックス状態に置き、無理に開いたり、曲げたりしてはいけないということである。太極拳の動作の中では、両膝は重心移動につれて、曲げたり伸ばしたりするが、基本的に伸ばした足は軽度な彎曲状態を保ち、膝を真っ直ぐ伸ばしきってはならない（**蹬脚**《ドンジャオ》と**仆歩**《プーブー》の伸ばす足の動作を除く）。

実足とは、全足底をしっかりと地面につけること（虚歩の時、つま先、または踵《かかと》を上げることを除く）である。太極拳を行なう時に、足は動作を正しく完成させる根本であり、すべての動作の勁力を出すのは、足からなので動作の途中・定式にかかわらず、全足底を着地するという要求がなされている場合は、しっかり着地しなければいけない。足が浮き上がると勁力の流れが悪くなり、重心の安定を保つことも難しくなる。だから、上半身の動作を注意しながら実足の要求を忘れてはいけない。

2　身法

身法とは体の動き方のことである。太極拳練習の基本的な身法としては、立身中正の姿勢を保ち、腰を中心として、伸び伸びと回転し、手と足の動きを連動させ、からだ全体を協調させながら動作を行なうことである。

手型《ショウシン》・手法《ショウファー》

1　手型

手型とは、手の形状である。簡化二十四式太極拳の中には3種類の手型がある。

掌《ヂャン》……5指を自然に伸ばし、掌をわずかに凹ませる。虎口は弧形にする。指は硬くならないように伸展し、曲げ過ぎないようにする（写真A）。

拳《チュアン》……親指以外の4本の指を握り、親指で人差指と中指の上を押さえる。強く握らず、ゆるめ過ぎてもいけない（写真B）。

勾手《ゴウショウ》……手首を曲げ、5指の第1関節を寄せ合わせて、指を下に向ける（写真C）。

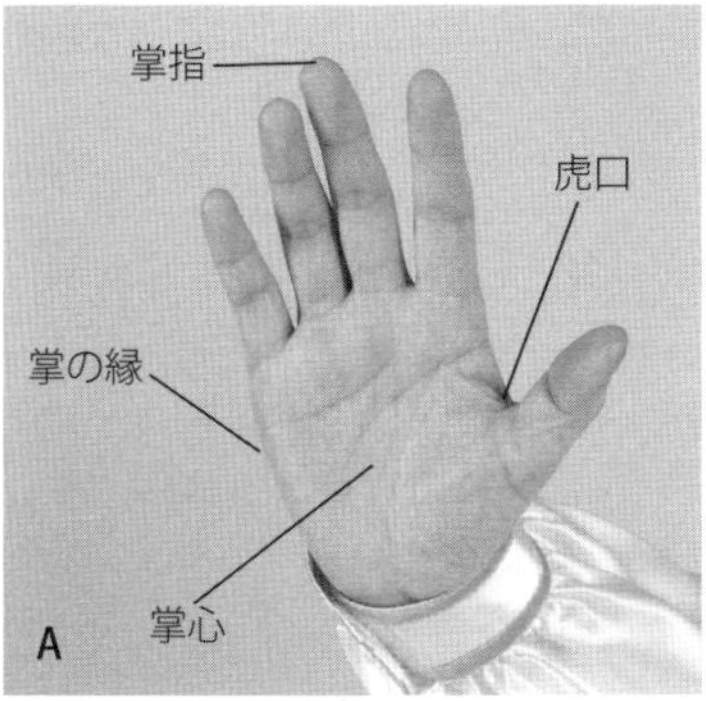

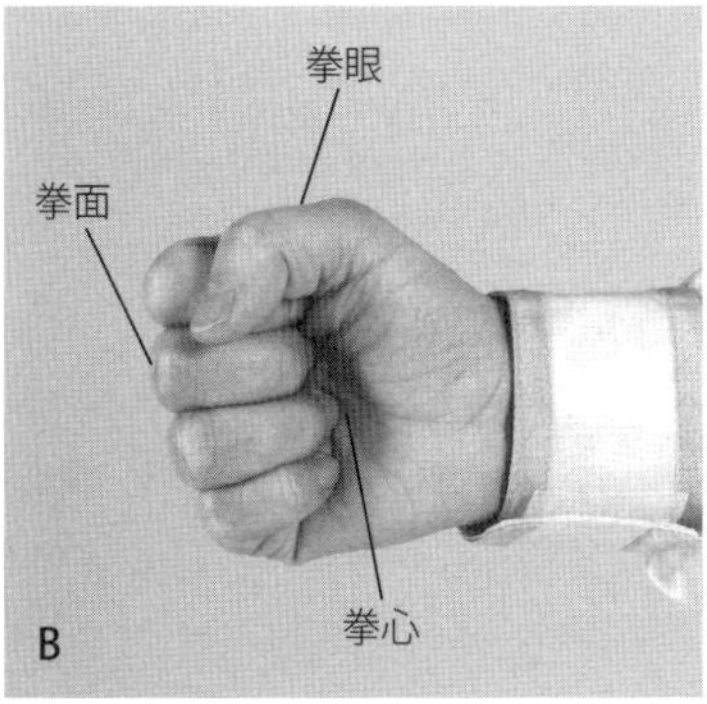

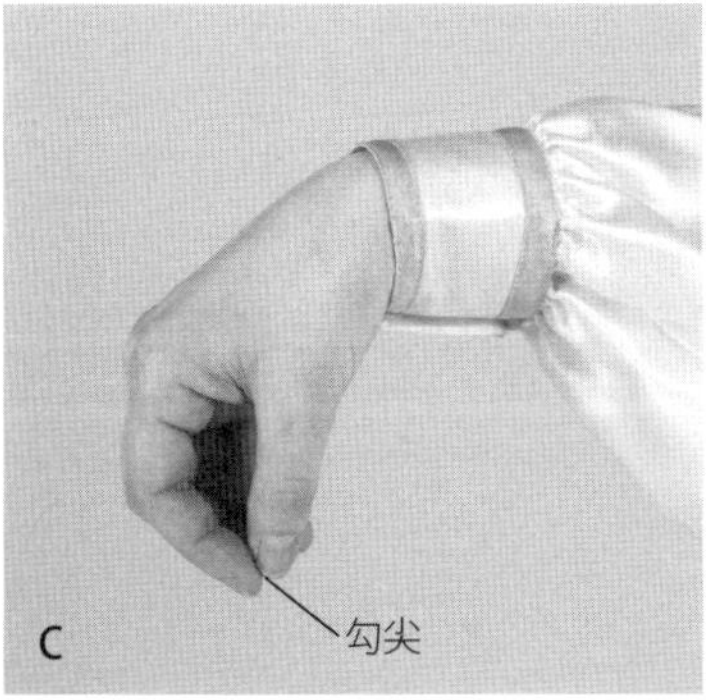

2 手法

手法とは、手の動き方のことである。簡化二十四式太極拳の中で主な手法としては21種類がある。

按《アン》………両掌を下に向けて押さえる動作（例：起勢《チーシー》）、
または、前に向けて推し出す動作である
（例：攬雀尾《ランチュエウェイ》）。

採《ツァイ》………掌で斜め下に押さえる動作である
（例：野馬分鬃《イエマーフェンヅォン》）。

靠《カオ》………上腕あるいは肩・背で前方外側に向けて
当てるように押す動作である
（例：野馬分鬃）。

分掌《フェンヂャン》……両掌を左右に分け開く動作である
(例：白鶴亮翅《バイホーリャンチー》)。

推掌《トイヂャン》……掌を体の前に向けて推し出す動作である
(例：摟膝拗歩《ロウシーアオブー》)。

摟掌《ローヂャン》……掌で払い除ける動作である(例：摟膝拗歩)。

合掌《ホーヂャン》……両掌を向かい合せる動作である
(例：手揮琵琶《ショウホイピーパー》)。

掤《ポン》……何かを抱えるように肘を湾曲させて、腕を胸の前に張り出す動作である(例：攬雀尾)。

捋《リュイ》……両掌を前上方から下に引く動作である
(例：攬雀尾)。

擠《ジー》……両掌を合わせて前方に推し出す動作である（例：攬雀尾）。

雲手《ユンショウ》……両手で体の前に立円を描く動作である（例：雲手《ユンショウ》）。

刁手《ディオショウ》……手首を曲げ、５本の指をつまむ動作である（例：単鞭《ダンビエン》）。

貫拳《グァンチュアン》……両拳を両側から前に打ち出す動作である（例：双峰貫耳《ショアンフォングワンアル》）。

穿掌《チョアンヂャン》……掌を足に沿って前に突き出す動作である（例：下勢独立《シャーシードゥーリー》）。

挑掌《ティアオヂャン》……掌心を横向きにして、下から上に撥ね上げる動作である（例：下勢独立）。

架掌《ジャーヂャン》……腕は円形を保ち、掌を頭の上に、支えるように上げる動作である（例：左右穿梭《ヅウオユーチュワンスウオ》）。

插掌《チャーヂャン》……4本の指をそろえて、指先を前方下段へ突き刺す動作である（例：海底針《ハイディーヂェン》）。

搬拳《バンチュアン》……腕を旋回させながら、拳で打ち出す動作である（例：搬攔捶《バンランチョイ》）。

攔掌《ランヂャン》……掌は弧を描きながら前に動かし、相手を阻む動作である（例：搬攔捶）。

冲拳《チョンチュアン》……拳を腰の横から、真っ直ぐ前に向けて打ち出す動作である（例：搬攔捶）。

抱掌《ボオヂャン》……両掌を同時に向い合わせるように、抱え上げる動作である（例：十字手《シーズーショウ》）。

歩型《ブーシン》・歩法《ブーファー》

1　歩型

歩型とは、両足が定式《ディンシー》（動作を完成した時の姿勢）となった時の型をいう。簡化二十四式太極拳の中で、主な歩型としては6種類がある。

開立歩《カイリーブー》……両足を肩幅の広さに平行に開いて立つ（写真D）。

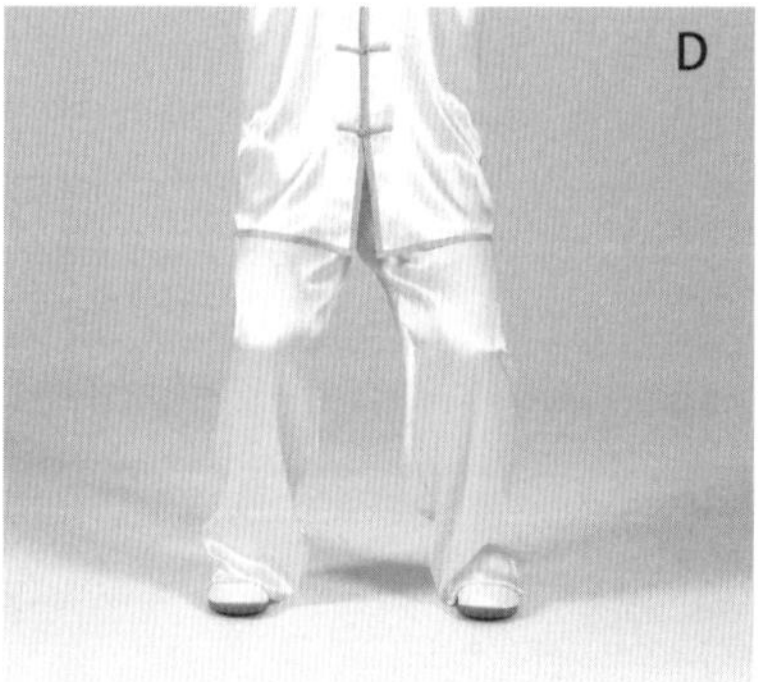
D

弓歩《ゴンブー》……前足は膝とつま先を同じ方向にして曲げ、後足は自然に伸ばし、つま先は正面から斜め45～60度にして、両足踵の横の間隔は10～30㎝とする（写真E）。

虚歩《シュイブー》……後足は踏みしめて膝を曲げ、つま先は斜め45～60度に向ける。踵と臀部は上下相対させる。前足はわずかに曲げ、つま先は前方に向け着地させる（踵で着地する虚歩もある）。両足踵の横の間隔は10㎝を越えない（写真F）。

小開立歩《シャオカイリーブー》…両足を平行させ、間隔は10㎝ぐらいにして開く（写真G）。

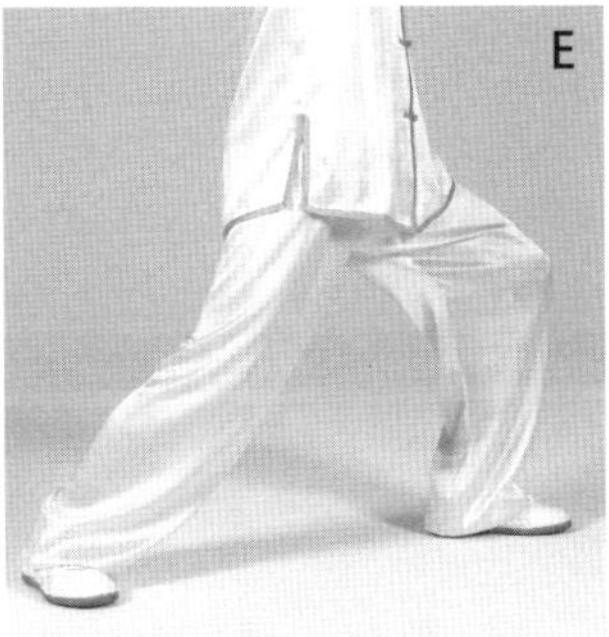

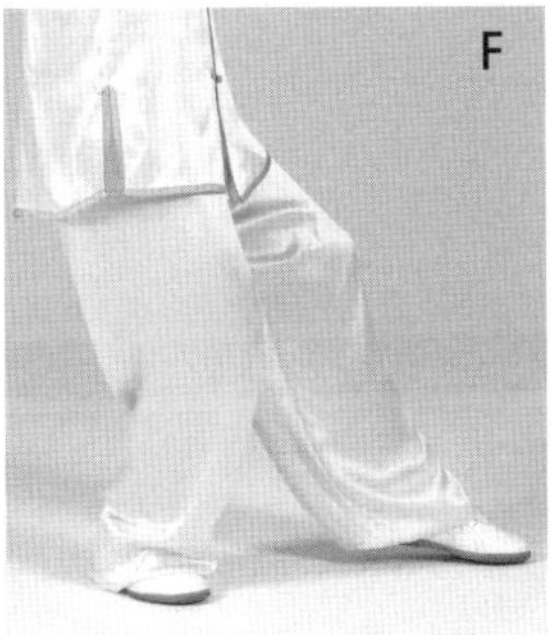

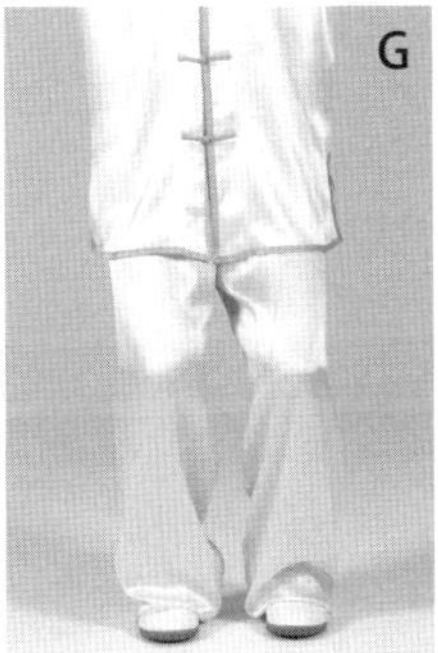

仆歩《プーブー》………軸足はつま先を斜め前に向けて膝を曲げ腰を落し、もう一方の足は横に伸ばして、つま先を内向きにする。両足裏を地面にしっかりと着ける（写真H）。

独立歩《ドゥーリーブー》……軸足は自然に伸ばし、体重を支えて立ち、もう一方の足は膝を曲げて持ち上げ、つま先は下に向け自然に垂らす。大腿部の高さは水平以上にする（写真I）。

H

I

2　歩法

歩法とは、足の動き方のことである。簡化二十四式太極拳の中で、主な歩法としては6種類がある。

上歩《シャンブー》……後ろの足を、体の前に出して一歩進む。

跟歩《ゲンブー》……後ろの足を、前足の踵に半歩近づける。

退歩《トイブー》……前の足を後ろに引き、一歩退く。

側行歩《ツォーシンブー》…両足を平行にしたまま、横に一歩ずつ送って移動する。

蹍歩《チャンブー》……軸足は膝を曲げ腰を落し、もう一方の足は、足の外縁から地面に沿って軸足の横に伸ばし出す。

墊歩《ディエンブー》……足を前方に着地させる時に、踵から着地し、つま先を外向きにして踏みしめる。次の動きをしやすくするための動作である。

腿法《トイファー》

腿法とは、足の用法のことである。

蹬脚《ドンジャオ》…軸足は自然に伸ばして体重を支えて立ち、もう一方の足は膝を曲げて上に持ち上げ、つま先を反らせて踵から蹴り出して伸ばす。

眼法《イエンファー》

眼法とは、視線の動かし方のことである。

動作を行なう時の視線は、精神が集中している方向と意念を表現している。したがって、動作の途中で視線と手法や身法とのバランスがとれていないと、動きが不自然に見えてしまう。定式が決まった時には、目は真っ直ぐ前方を見るか、または手の先の方を見つめる。

太極拳練習の要領と注意事項

太極拳学習の最初には、まず、正しい技術の要領を覚え、しっかりとした基本を身につけることが大切である。このことが、太極拳の動作を早くレベルアップできるかどうか、また、健康法としての鍛練効果が十分に得られるかどうかの大前提となる。簡化二十四式太極拳が、しばしば、初心者の入門テキストとされるのは、その内容が正しい動作を覚えるために適切であるからと思われる。いずれにせよ、学習の第一歩は、正確な技術要領の習得であることを忘れてはならない。

太極拳の技術はこの後の動作説明の中でくわしく述べるので、ここでは練習の理論上の要領について全体的に紹介しておく。練習の時、実技を学習しながらこれらの要領を理解すれば、正しい太極拳を早く身につけることができる。

太極拳練習の要領

1 姿勢正確《ズーシーヂョンヂョエ》

姿勢に対して、もっとも基本とされる要領は、中正《ヂョンヂョン》安舒《アンシュー》（体は真っ直ぐで、伸びやかである）、不偏不倚《ブービエンブーイー》（偏らず、歪まない）ということである。この意味は、体を中正に保ち、上体を端正自然にし、頭・背を真っ直ぐにして肩を沈め、胸は張らずに伸びやかにする。体は緊張したり、力を入れたり、あるいは萎えた感じにしたりしてはいけない。もちろん、手と足の姿勢も、基本要領の中で学んだようにしなければならない。姿勢が正しくなければ太極拳の基本技術は絶対に正しくできない。もちろん、健康の面から見てもよい練習効果が得られないということである。これは、初心者の時から、注意するべきことである（写真J）。

J

2 重心安定《ヂョンシンアンディン》

太極拳を行なう時は、ほとんどの動作が中腰の姿勢で、特に片足で体重を支える動作が多い。この時、重心が安定するかどうかが、姿勢に直接影響を与える。重心の安定が保てなければ、足の運びが重くなり、体のバランスがとれなくなり、動きが硬くなって、動作も中断が起こる。これらを改善するためのもっとも重要なポイントは、特に初心者の場合、まず技術の正確な要領を把握し脚力を増強させながら、正しい歩法を覚えることである。たとえば、弓歩になる時、両足の横幅は10～30㎝の間隔（図K）をきちんととって、足を前に踏み出す時、無理に遠く着地しなければ安定する。これができなければ、脚力がいくら強くても重心の安定を保つことは難しい。

重心の安定を保つための練習としては、その場での弓歩、また、繰り返し進む弓歩などを続けて練習して行けば、必ず脚力は強くなり、重心も安定して、太極拳の動作として要求されている邁歩《マイブー》如猫行《ルーマオシン》（猫のように歩を進める）が可能となるだろう。

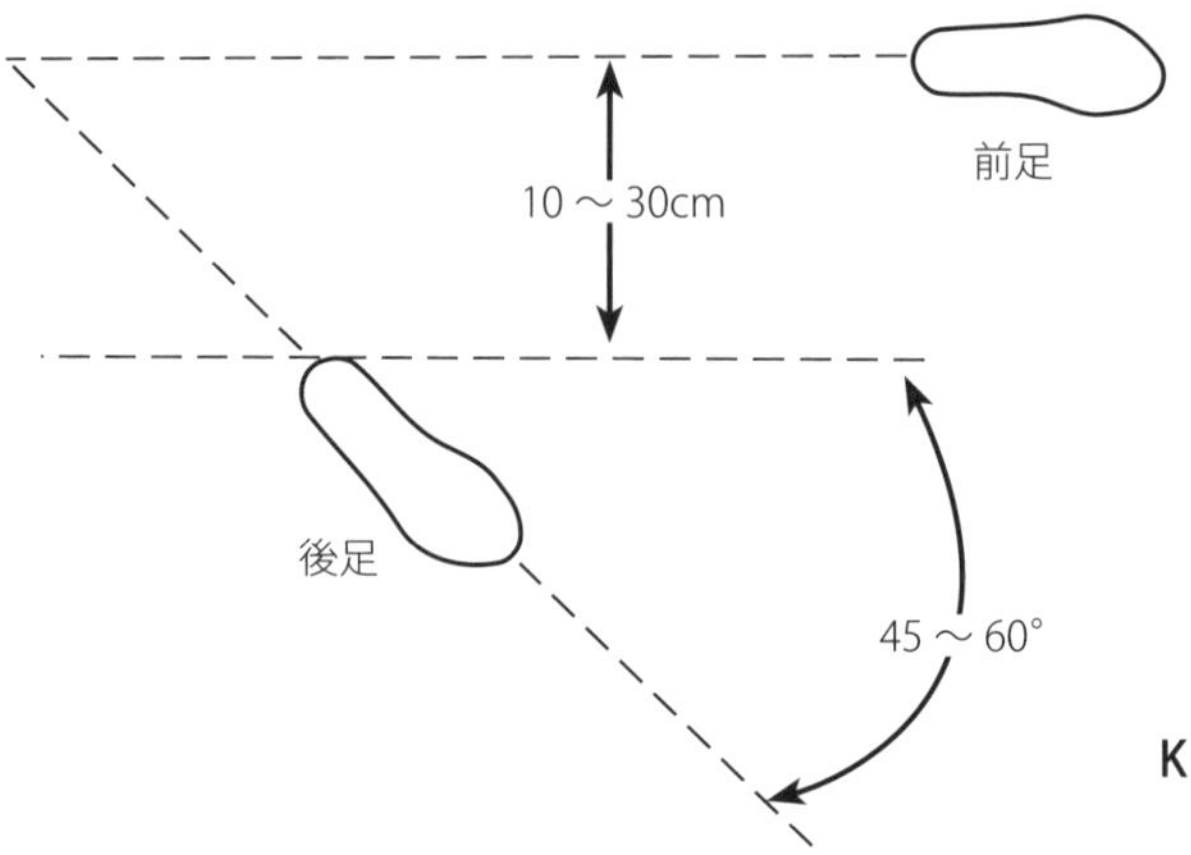

K

3　心静体松《シンジンティーソン》

心静とは、気持ちを落ち着かせ、意識を集中させ、雑念を排除し、静をもって心を養うこと（いわゆる内固精神《ネイグージンシン》）である。太極拳は動作が多いため、練習中はずっと動いている。しかし、姿勢の高低や動作の変化などがあっても、視動犹静《シードンユージン》、視静犹動《シージンユードン》、身雖動《シンソイドン》、心貴静《シングイジン》、つまり、動いているように見えるが静かであり、静かであるように見えるが動いていること、要するに、体は動であるけれども、心は静にすることが大切である。そして、常に心理的・精神的に安定した状態で練習するように努めることである。心理的・精神的な状態が安定すれば、一つ一つの動作に意識を傾注することができ、意領身随《イーリンシンソイ》（体の動きが意念の活動に随う）ができるようになる。太極拳は動中求静《ドンヂョンチュージン》の運動である。

体松とは、身体（特に上半身）をリラックスさせ、筋肉・関節・靭帯および内臓などを伸びやかで自然に、どこにも圧迫感のない状態にすること。すなわち、用意不用力《ヨンイーブーヨンリー》（意を用いて、必要のない力は使わない）ということである。体を動かすと筋肉が収縮する。この時に、必要のない力を使ってはならない。体を動かす時、放松《ファンソン》（リラックス）することができれば、重心が安定しやすくなり、動作の転換もまろやかになる。逆に、必要のない力を使うと体が硬くなり、気血の循環が悪くなって、呼吸が苦しくなったりする。いわゆる用力則滞《ヨンリーヅオーヂー》（むだな力を用いるとすべてが滞る）である。ただし、松《ソン》は無力で萎えている状態ではない。

練習する時に、心静体松に注意することができるようになったら、よりいっそう練習の効果は上がるだろう。

4 呼吸自然《フーシーズーラン》

太極拳を行うときの基本の一つは、呼吸を自然に行うことである。自然な腹式呼吸で、生理的に息を吸いたい時に吸い吐きたい時に吐き、まったく普段の生活のように、ごく自然に呼吸を行なうことである（自然呼吸《ズーランフーシー》）。しかも、呼吸は細く長く深く行ない、できれば動作の速度と一致させ、息を吸う時、腹部をやや締めるようにして行なう。太極拳の理論の中に能呼吸然後能霊活《ノンフーシーランホウノンリンホー》（呼吸をうまく調整できて、はじめて動作が生気に満ちてくる）という記述がある。これは太極拳における呼吸の重要性を示している。

しかし同時に、太極拳は拳法として、必ず、意識的に技法と合わせて呼吸を行なわなければならない。技法には起落《チールオ》、開合《カイホー》、虚実《シュイシー》などの変化があり、基本的には起《チー》、開《カイ》、虚《シュイ》の時に息を吸い、落《ルオ》、合《ホー》、実《シー》の時に息を吐くようにする。このように意識的に技法と合わせて呼吸を行なうことは拳式呼吸《チュアンシーフーシー》という。けれども、太極拳套路の中では動作の変化は非常に多く、一つ一つの動作の間にはつなぎもあり、しかも長かったり、短かったりするので、拳式呼吸ばかり考え無理に合わせると、練習は難しくなる。特に、人間の体は機械ではないので、運動の中で機械のように呼吸を行うのは不可能である。理想的な方法は、**自然呼吸**をした上で、拳式呼吸と有機的に結び合わせて、合理的に呼吸を行なうことである。簡単にいえば、普通は一つの動作が終わる時、息を吐くように**拳式呼吸**を行ない、後は自然な呼吸で調整すればよい。

太極拳の動作は何十種類もあり、また、方向の変化や動作の屈伸、開合、進退など動きが複雑である。初心者は動作を覚えることで精一杯のはずである。その上さらに呼吸法まで考えると息が苦しくなり、体の緊張を招き、疲れやすくなり、余計に難しく感じるので、自然呼吸にまかせた方がよい。合理的な呼吸を行なえば**心平気和**《シンピンチーホー》（心を平静にさせ、気を和ませる）な状態になり、気を養うことができて、動きも自由自在となり、鍛練の効果が十分に得られるようになる。

5 運転圓活《ユンヂャンユエンホー》

圓《ユエン》とは、動作を行なう時、両腕は円形を保ちながら、動きはとぎれなく弧線を描くようにするという、円運動のことである。外見は柔軟のようであるが、内面では**掤勁**《ポンジン》（意識の上で両腕は丸みをもたせ、外に張り出すような感じにする）を含むということである。絶対に、むだな力を用いて動作を硬くしてはならない。

活《ホー》とは、動作の一つ一つや流れを霊活（意識の入った、生き生きした感じ）にすることである。要するに、円滑に腰を軸として四肢を、腕を軸として手を連動させ、動作を生き生きと見せるということである。

圓活という要求にしたがえば、動作の運転はよりスムーズになり、動作の転換も自由自在にできる。

6 柔和緩慢《ローホーホアンマン》

柔和とは、太極拳は、意を用い力を入れずに、粘りのある柔かい動作で行ない、その勁力は運勁《ユンジン》如抽糸《ルーチュウスー》（繭から糸を引くようである）のように、ということである。けれども、柔和とは、力がなく動作をぐにゃぐにゃとすることではない。太極拳の理論では、動作はただ柔にするばかりではなく、柔中寓剛《ローヂョンユイガアン》（柔の中に剛を含む）、剛中寓柔《ガアンヂョンユイロー》（剛の中に柔を含む）ということが要求されている。

緩慢《ホアンマン》とは、太極拳を行なう時のリズムはゆっくりと変わらぬ速さで、手と足の動作を一致させ、行雲《シンユン》流水《リュウショイ》（行く雲や水の流れのように、自然なままの動き）のように行ない、早かったり、遅かったり、あるいは途切れたりしてはならないということである。しかし、速度が遅ければ遅いほどよいということではない。遅すぎると必要以上に緊張し、動作が鈍くなり、呼吸と動作の協調もうまく行かなくなる。基本的には、練習の時、心が平心静気《ピンシンジンチー》（心を落着かせ、気持ちを整える）で、全身の気脈の流れによどみがなく、筋肉や関節などの圧迫感も感じることのないような状態で行なう。具体的には、簡化二十四式太極拳の套路は、5～7分ぐらいの時間で行なうのがよいと思われる。

7　協調完整《シエーテイアオワンジョン》

協調完整とは、手と足および胴体の動きが調和することをいう。もちろん、技法としての手・眼・身・歩を協調させることも指している。具体的には、練習する時に、動作の起落、進退《ジントイ》、開合、伸縮《シンソー》、攻守《ゴンショウ》、虚実、剛柔などの変化およびその意味を十分に理解し、上下相随《シャンシャンシャンソイ》（手と足の動きを一致させる）、周身節節貫串《ヂョウシンジエージエーグアンチュアン》（全身の動きを協調一致させて整える）という要求にしたがって、肢体の動きの関連を考えながら整えることである。

初心者は、往々にして手と足の動作が一致せず、腰を中心として四肢を連動させることが、まだ理解できないため、躯幹と四肢の動作がバラバラになってしまう。しかし、繰り返し練習していけば、必ず動作は整ってくる。

8 相連不断《シャンリエンブードゥアン》

相連不断とは、太極拳の動作と動作は密接なつながりを持っていて、長江の滔々たる流れのように連綿として途絶えることがない、とたとえられるように、勢断勁不断《シードゥアンジンブードゥアン》、勁断意不断《ジンドゥアンイーブードゥアン》（動作は切れても勁力は切れず、勁力は切れても意識は切れない）という要求を満たすものである。しかし、太極拳の套路はたくさんの動作の組み合わせなので、練習に対する要求を正しく理解し、実行できなければ、人形のような動きになってしまう。特に、初心者の場合は、個々の動作が未熟なため中断することが多く、次の動作へもスムーズにつながらない。この改善には、まず、一つ一つの動作を完成させ、そして、これらの動作をつなげ、勁力の途絶えをできるだけ少なくし、意識を切らさないことを重視して、練習を重ねていくことである。そのようにすれば、相連不断のよい動きを身につけることが可能となる。

9 虚実分明《シュイシーフェンミン》

虚実とは、一般的にいえば、太極拳で動作が完成にいたる時（定式）を実といい、動作の転換過程を虚という。体重を支える足（軸足）は実といい、補助して体重を支え、あるいは移動している足は虚という。実の時は、勁力を沈めて充実させ、剛ではあるが硬くなってはならない。虚の時には、勁力は柔和で身法は伸びやかに、軽やかで含みがあり、柔であるが軟弱であってはならない。虚実分明とは、練習の中で虚と実をはっきり分けることである。虚実について太極拳理論の中では一処自有一虚実《イーチュウヂーユーイーシューイシー》、処処総此一虚実《チュウチュウヅンツーイーシュイシー》（一つの処には必ず、一つの虚実があり、いたるところに虚実は存在している）といわれる。つまり、太極拳を行う場合には、定式と軸足だけではなく、意識・勁力・手法・歩法などの運用の中で、いつどこにでも虚と実は存在しているのである。

すなわち、虚と実は静止しているのではなく、互いにつねに転換しているものである。この虚実の転換は綿綿不断《ミャンミャンブードゥアン》（途切れなく）の動きの中で、一つの動作から一つの動作へ、虚から実へ、実から虚へと絶え間なく発生している。両者はまったく正反対のものであるが、太極拳を行なう場合それを対立させず、有機的に統一、転換しなければならない。これは要求されている虚中有実《シュイヂョンユーシー》、実中有虚《シーヂョンユーシュイ》（虚の中に実があり、実の中に虚がある）のことである。この虚実の統一と転換をきちんと理解することによって、太極拳の本来の意味を知ることができるし、手法も歩法も乱れず、心身を統一することも容易になり、武術としても健康法としてもよい練習効果が得られるであろう。

10 内外相合《ネイワイシャンホー》

内外とは、意識の活動、内気の運行および体とその動きのことであり、相合とは、高度に統一させるということである。

内外相合をいいかえれば、心身統一のことである。この統一は、必ず意識を主導とした統一である。要するに、意気君来骨肉臣《イーチージュンライグーローチン》（意と気は主君であり、骨と肉はその家来である）、以心行気《イーシンシンチー》、以気運身《イーチーユンシン》（心は意識のこと。つまり、意をもって気をいきわたらせ、気で体を動かす）、意領身随《イーリンシンスウイ》（意識で動作を導く）、一動無有不動《イードンウーユーブードン》、一静無有不静《イージンウーユーブージン》（意識の支配の下で、からだに少しでも動きがあれば、からだ全体が動になり、からだに少しでも静の部分があれば、からだ全体が静になる）の完全に統一された境地に至る。ここまでくれば、太極拳の最高点に達したといえる。具体的な方法としては、練習する時にまず太極拳の技を知ること、そして意をもってその技の姿勢・手法・歩法・動作の方向・力の運用などを調整しながら行なえばよい。意識をもつことによって、内気の運行は自然にそれに従い、意到気到《イーダオチーダオ》（意識が行きつくところに気も行きつく）となる。そして、この意と気の活動によって一つの内在的な力（内勁）が生じ、いわゆる気到力到《チーダオリーダオ》（気がいたるところに力もいたる）となる。さらに、この内勁が技を通じて一つの気勢を成してくる。このようになれば内外相合ができたといえる。

しかし、練習する時には、もう一つ心身統一のポイントがある。これは練習者の視線と動作を一致させることである。目は心の窓であるとよくいわれ、意識は目に表れるものであるから、もし視線と動作が一致しないならば、意と気と技の統一ができているとはいえない。つまり、心身統一ができていないわけである。だからこそ、太極拳の基本動作を練習する時から、意識の訓練を重視することが肝要である。

以上、10ヶ条の要領を述べたが、初心者、熟練者を問わず、それぞれの要領に留意しながら、正しい太極拳の基本を身につけることがなんといっても大切である。基本からしっかり練習し、その真髄を徐々に深く理解し、素晴しい太極拳が行なえるように、練習を積み重ねていけば、心身双修《シンシンショアンシュー》（心身ともに磨き向上させる）と延年益寿不老春《イエンニエンイーショウブーローチュン》（長生きをして、ますます健康で楽しい人生を送る）という目的に、必ず到達することができる。このことが、私たちが太極拳の真髄を追求していく本当の意味である。

練習する際の注意事項

1　準備運動から始める

太極拳の練習は、他の運動と同じように個人でも集団の場合でも、準備運動からはじまり、そして、基本練習（中心となる技や套路の練習）を経て、整理運動で終わるのが一般的である。まず、服装はゆったりとしたものを選んで着用した方がよい。準備体操は軽い運動から入り、身体各関節を回すように動かし、靭帯と筋肉を伸ばし、体を徐々に動作に適応できる状態にする。特に、太極拳運動の特徴として、重心をやや低くする中腰の姿勢が多いため、膝関節にかかる負担が大きい。そこで、そのあたりを中心に十分に準備運動をする必要がある。そして、練習の最後には、軽い体操やマッサージ、散歩をするなど、筋肉の緊張の持続を解き、膝関節の疲労を解消して身体をリラックスさせる整理運動をしなければならない。

2　運動量を適度に調整する

太極拳はゆっくりとした動きであるが、中腰の姿勢で行なうので、運動量は決して少なくはない。運動量の多少は練習時間の長短だけでなく、姿勢の高低、動作の正確さ、速度にも関係がある。たとえば、姿勢が高いと足はあまり疲れない。姿勢が低いと足に負担がかかるから高い時よりも疲労する。運動量が適当かどうかを知るのも大切なことであるが、これは個人の体質や条件によって決めるとよい。一般的には、練習後ゆったりりして満足感があり、気持ちが良ければ運動量は適当であるといえる。運動量が少ないと、関節や筋肉が十分鍛練できず、鍛練効果にも影響する。運動量が多すぎると、関節や筋肉の痛みを引き起こしたり、息切れを起こしてしまう。初心者は運動量をやや少なめにして、ようすを見ながらだんだんと増やし、練習を積み重ねていけば、必ず体力がついてくる。体質的に虚弱な人、また持病があるような人は、コーチや医者の指導を受けながら、練習するのがもっともよい方法である。体力が伴わなければ、全套路の動作を通して行なう必要はない。要領にもとづいて、個々の動作（単姿勢）を反復練習すれば、全套路の練習と同じ効果を十分に得ることができる。

3　柔軟性の練習を重視する

太極拳の練習は中腰の姿勢で行なうため、脚力を強くすることが重要なことはよく知られている。しかし、太極拳の動作中には蹬脚《ドンジャオ》や下勢《シャーシー》などの動作があるので、ある程度の柔軟性が必要とされる。足を高く上げる必要はないが、各関節のまわりの靭帯や、筋肉の柔軟性が高ければ動きは軽くなり、動作はさらに伸びやかとなって、身体の老化も予防ができる。つまり、年齢を加えるにつれて靭帯や筋肉は少しずつ硬くなって行くので、それに対抗して少しずつ柔軟性の練習を重視し、靭帯と筋肉を鍛練して行けば、若さを保つことができる。このような一石二鳥の効果については、異論のないところであろう。しかし、太極拳の套路動作の中では、ことさらに柔軟性を鍛える動作はないので、準備運動の後、各種の圧腿《ヤートイ》（足を股関節と同じくらい高さのバーにのせ、伸ばす練習）、踢腿《ティートイ》（足を振り上げる練習）を欠かさずに行なうとよい。

4　順序を踏んで徐々に学ぶ

太極拳を学ぶにあたって、初心者に見られる共通の難点は、動作が複雑でしかも数が多いため、しばしば、前の動作に気を取られて次の動作を忘れ、協調ができなくなる点である。指導者は、初心者に早く動作を覚えさせるために、動作を分解して、手と足の動作を分けて教え、その後、手と足の動作を合わせて練習させ、繰り返しながら要領を理解させ、動作に熟練したら協調性に注意させ、最後に意識と動作が統一された内外相合の段階へ進ませようとする。こういう順序を踏まえて徐々に学べば、年齢・体質を問わずだれでも、太極拳を自分のものとすることができ、上達も早い。しかし、早く効果を上げようと焦り、動作を真似ることだけを考えて要領が後回しになっては、いくら長時間練習しても時間のむだで、動作の質も低く効果が得られない。鍛練効果の良し悪しは、姿勢の正確さと密接な関係にあることを認識しなければならない。正確な姿勢と動作が保たれなければ、健身と医療効果を収めることは不可能であり、誤った姿勢・動作を矯正することは新しい動作を学ぶことよりも難しい。したがって、最初からの学習は、正しい練習法を理解し、信念をもって続けることを第一に考え、あわてずにしっかりと基本を身につけ、一歩一歩進んで行くことである。その結果、必ず難点を克服して上達することができる。

5　よい練習の環境を作る

日本では、中国人のように毎朝公園に行って、自然な環境の中で太極拳を行なうには到っていない。もちろん、自然な環境の中で、良い空気を吸いながら太極拳を行なうことが理想ではあるが、ここでいう環境とは、自然環境を指すのではなく、練習者本人が練習する時の心がけ、また、集団で練習する時の他の人との人間関係を指している。練習者は必ず愉快な心境で太極拳を行なわなければいけない。これによって修身養性《シュウシンヤンシン》（体を鍛えて、精神を成長させ豊かにする）、ストレスの解消、つまり心身両面に対してよい練習効果が得られる。また、集団で練習する場合は、みんなで仲良く楽しい雰囲気を作ることが大切である。技術の習得を目的にすることは当然であるが、健康という本当の目的を忘れると、太極拳練習の意味が失なわれてしまう。だからこそ、一人だけではなく、みんなで仲良く素晴らしい練習環境を作ることが非常に重要になってくる。

6　自分の生涯健康法とする

太極拳の練習に際して、技術を身につけることと上達することとは、確かに時間が必要である。技術面では、三日坊主で、気分しだいで続けてみたり、やめたりするようでは進歩は絶対に見られない。健康面では、人体の器官とその系統の生理機能を高め、新陳代謝を促進し、病気に対する抵抗力を増強させていくことができるが、このためには、一定期間の系統だった鍛練を経なければならず、すぐに効き目があるというわけにはいかない。しかし、練習を継続していけば難しい事ではない。しばらく練習しても効果が表れないため、動作の要領を習得しないうちに途中で投げ出してしまったり、体はあちこちの筋肉に痛みを感じて、あきらめてしまったりする。そのようなことでは、それまでの努力が水泡に帰すことになる。常に続けるということを大事にしなければならない。また、太極拳運動の特徴は、老若男女だれにでもできる運動であり、年を取っても楽しく、しかも、奥深い太極拳が行なえるということから、自己の生涯健康法とするには最適といえる。

簡化二十四式太極拳の名称

予備式（ユィベイシー）

1 起勢（チーシー）

2 左右野馬分鬃（ヅゥオユーイエマーフェンヅォン）

3 白鶴亮翅（バイホーリャンチー）

4 左右摟膝拗歩（ヅォウユーロウシーアオブー）

5 手揮琵琶（ショウホイピーパー）

6 左右倒巻肱（ヅゥオユーダオジュエンゴン）

7 左攬雀尾（ヅゥオランチュエウェイ）

8 右攬雀尾（ヨウランチュエウェイ）

9 単鞭（ダンビエン）

10 雲手（ユンショウ）

11 単鞭（ダンビェン）

12 高探馬（ガォータンマー）
13 右蹬脚（ユードンジヤオ）
14 双峰貫耳（ショアンフォングワンアル）
15 転身左蹬脚（ヂュワンシェンヅゥオドンジャオ）
16 左下勢独立（ヅゥオシャーシードゥーリー）
17 右下勢独立（ユーシャーシードゥーリー）
18 左右穿梭（ヅゥオユーチュワンスゥオ）
19 海底針（ハイディーヂェン）
20 閃通臂（シャントンベイ）
21 転身搬攔捶（ヂュワンシェンバンランチョイ）
22 如封似閉（ルーフォンスービー）
23 十字手（シーズーショウ）
24 収勢（ショウシー）

名称

簡化二十四式太極拳の図解

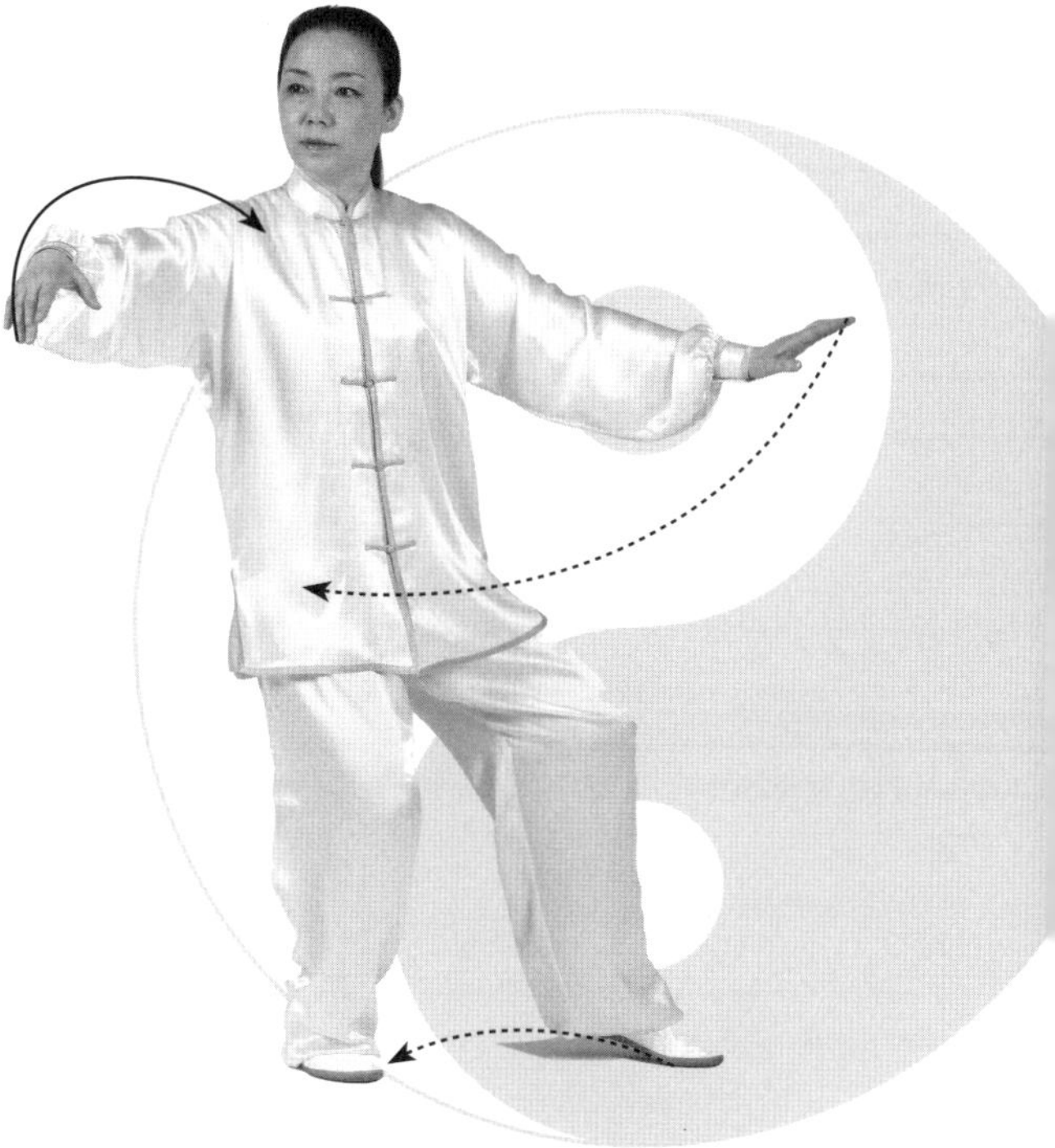

要点

①これからの動作の方向変化を説明する便宜上、南を正面としておくが、実際に練習する時は、特にこだわる必要はない。
②実線―右手・右足の動きを示す。
点線―左手・左足の動きを示す。

予備勢《ユィベイシー》

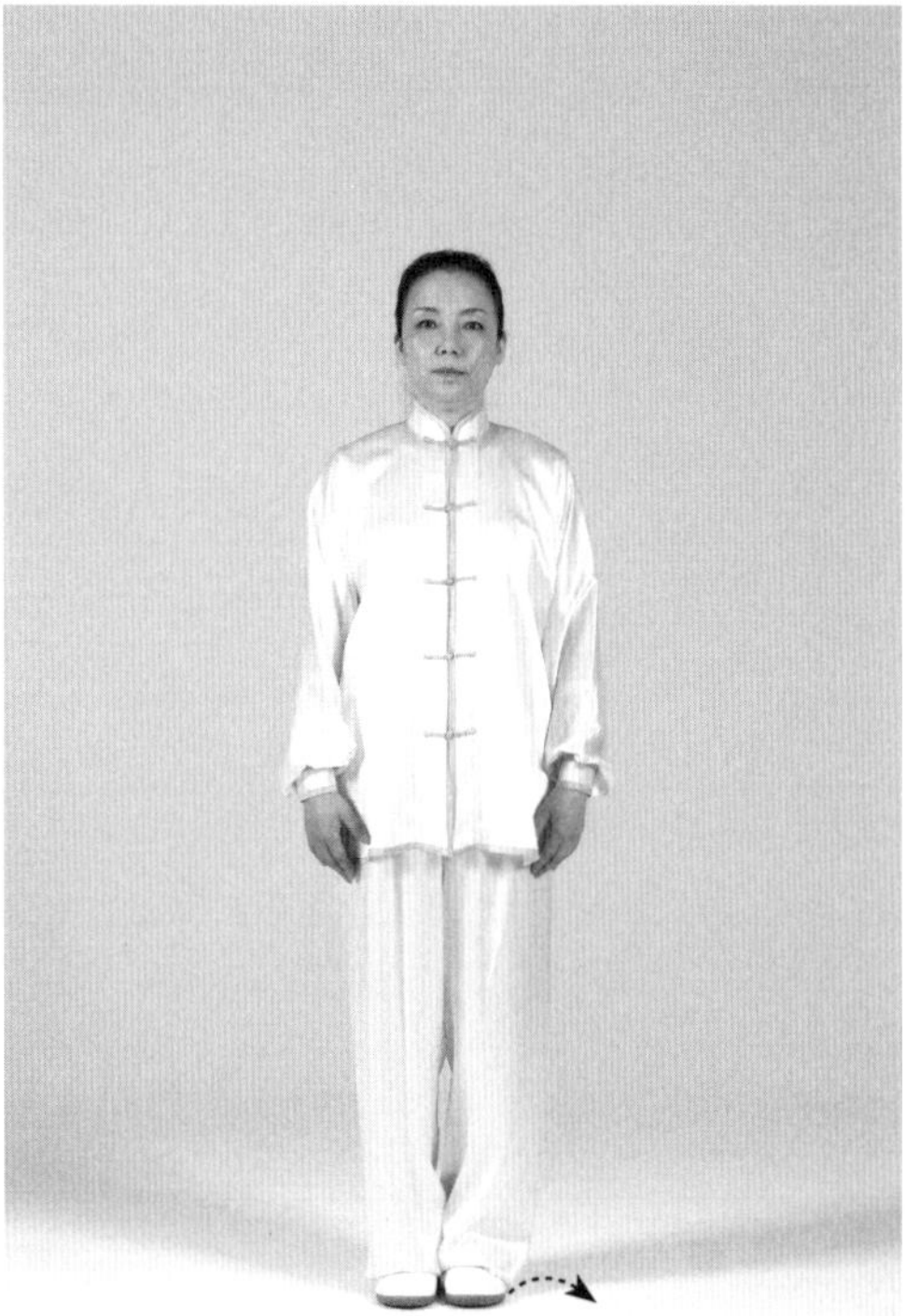

1

予備勢は太極拳をきちんと行なうために、体と心の準備をしておく姿勢である。

1◎予備（ユィベイ）

南を正面として体は自然に立ち、両足を前に向けて揃え、両腕も力を抜いて自然に体の両側に垂らし、頭を真っ直ぐにし、口は軽く閉じて舌も上顎に自然に付ける。目は真っ直ぐに前方を見る（写真1）。

要点

① 両足をそろえて立つ時のつま先は、きちんと前方に向けてそろえ、八の字に開いたり、内側に向いたりしないように注意する。

② 気持ちを落ち着かせ、体をリラックスさせて精神を集中し表情は自然にする。

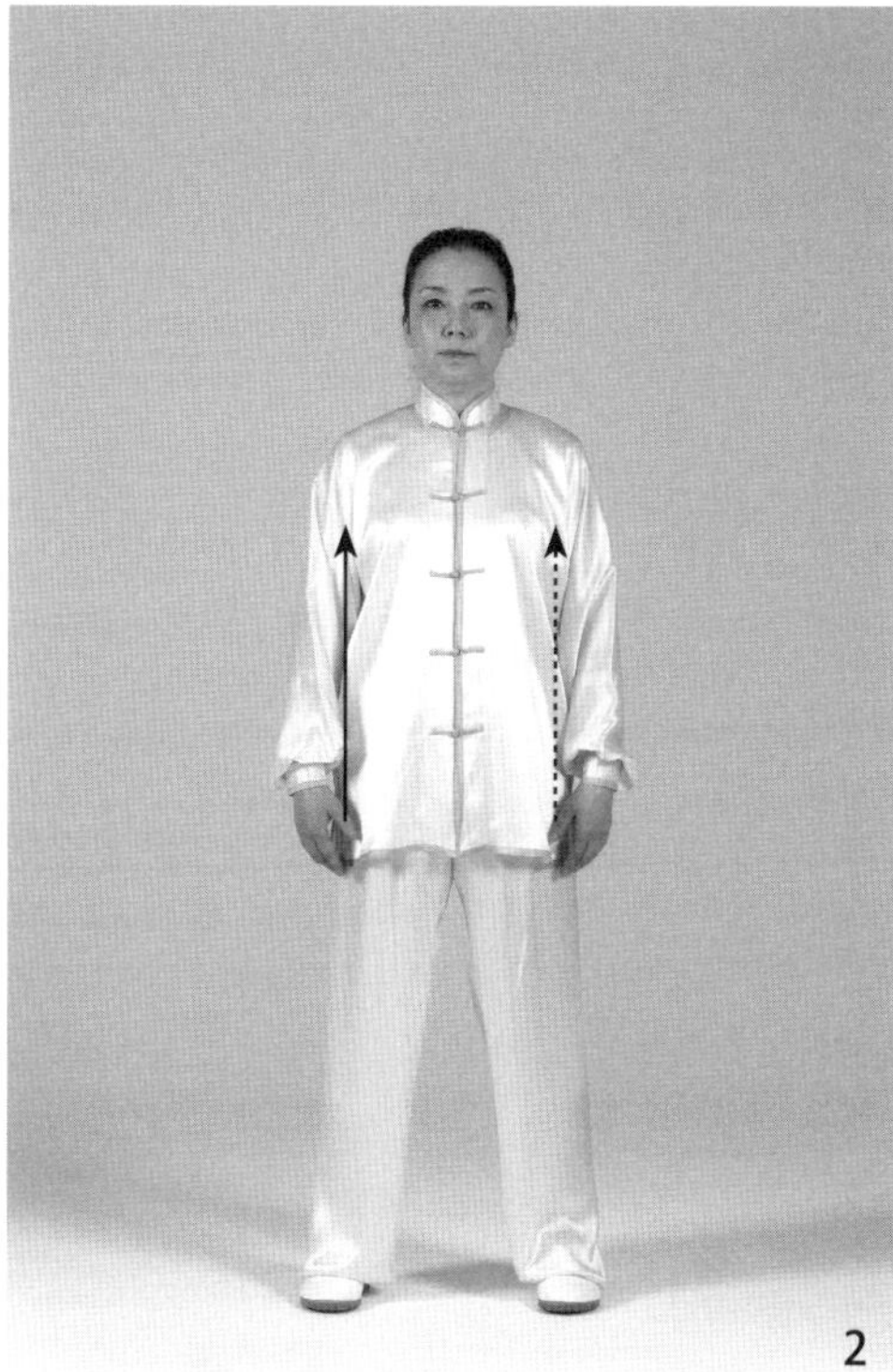
2

2◎開歩（カイブー）

左足を肩幅と同じ広さに左に開き、つま先から着地させて足全体で踏みしめる。目は前方を見る（写真2）。

要点

①足を開く時は、右膝を曲げたりしないで体の安定を保つ。

1 起勢《チーシー》

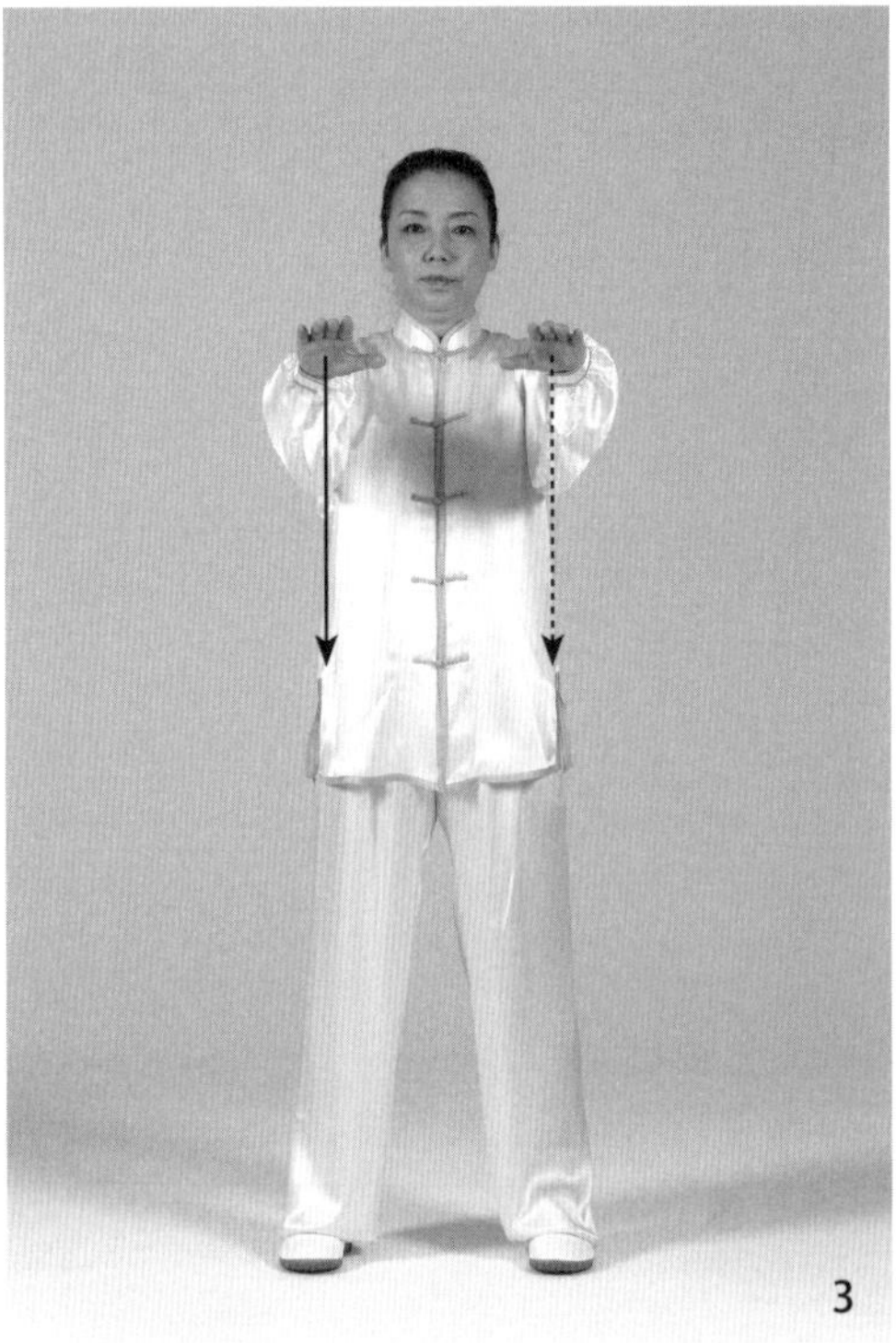
3

1◎両臂前挙（リャンベイチェンジュイ）

両腕は肩と同じ高さにあげ、自然に伸ばし肩幅と同じ広さにする。両掌心は下に向ける。手首は屈折せず伸びやかにする。目は前方を見る（写真3）。

要点

①両腕を上げる時力を入れて、伸ばした腕を硬くしたり、肩を上げたりしてはならない。

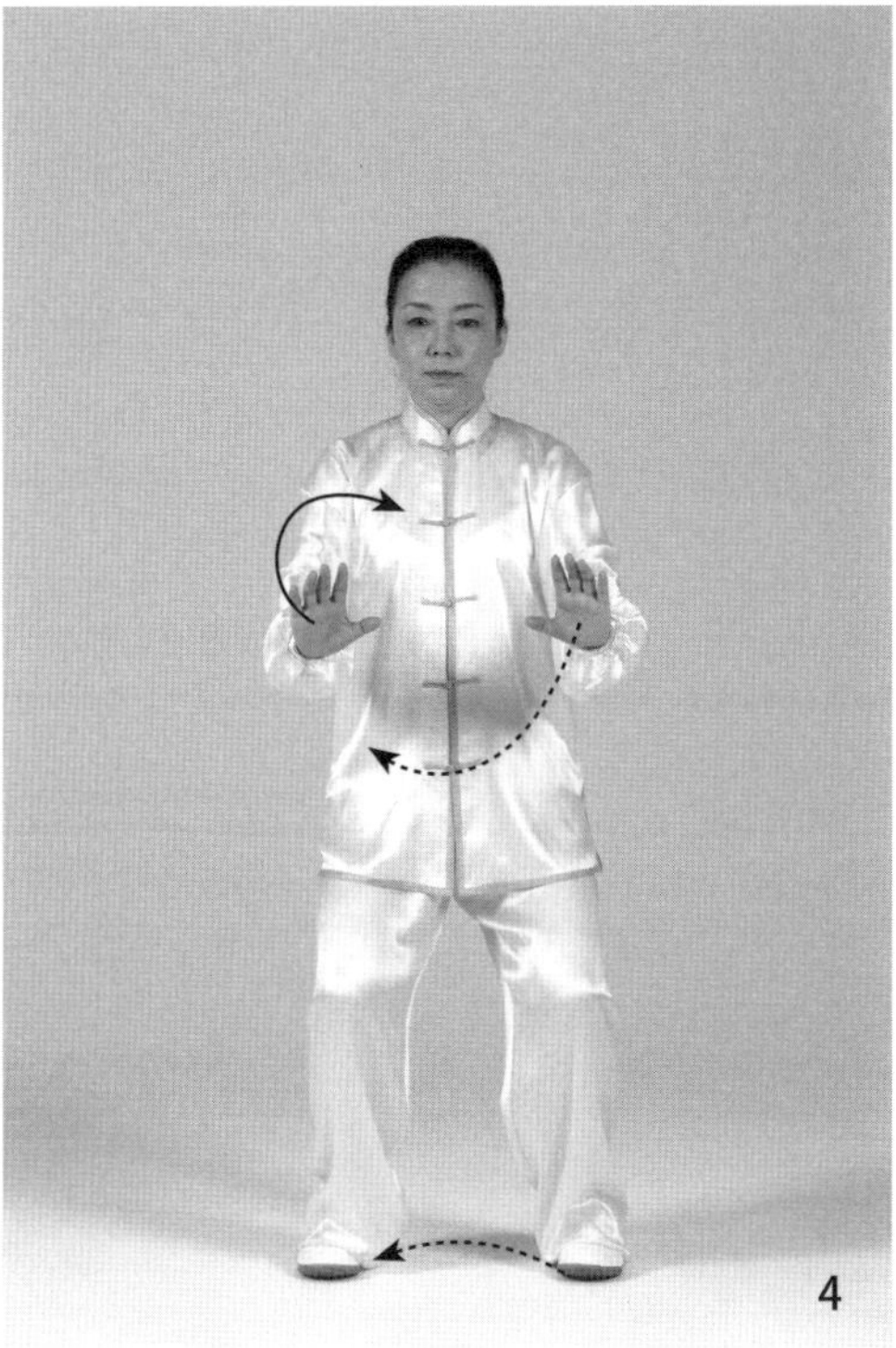
4

2◎屈膝按掌（チュイシーアンチャン）

両膝をつま先の方向に曲げながら腰を落とし、両掌を下に押さえるように腹部の高さに下げる。指は伸びやかにして手首を沈め、両掌心は斜め下に向ける。上体は真っ直ぐにして重心を両足にかける。目は前方を見る（写真4）。

要点

①両膝を曲げる時、体が前傾したり、後ろに反ったり、臀部を突き出したりしてはいけない。両掌は下に下げる時、肘を外側に張ったり、内側に入れたりしないようにする。

2 左右野馬分鬃《ヴォユーイエマーフェンヴォン》

5

左野馬分鬃

1◎抱球収脚（バオチュウショウジャオ）

体を右に少々回し、重心を右足に移す。左足を右足の内側に引き寄せ、つま先は地面につける（つけなくてもよい）。同時に、右掌は右に弧を描きながら肩と同じ高さに上げ、腕は曲げて掌心を下に向ける。左掌を腹部の前に移しながら掌心を上向きに変え、両掌心を向かい合わせて、右胸の前でボールを抱える状態にする。目は右掌を見る（写真5）。

要点

①両掌は右胸の前でボールを抱える時に、右足を曲げたままにする。肩をリラックスさせ、右肘はやや沈める。

6

2◎転体上歩（ヂュワンティーシャンブー）

体を左に回しながら左足を東に向けて踏み出し、踵から着地して重心は右足に残す。両足の横幅は20㎝くらいにする。両掌を少し交差させる。視線は右掌に沿って移動する（写真6）。

要点

① 左足を前に踏み出す時、両足踵の横幅を、20㎝くらいに取るために、右足の位置より左前方に出した方がよい。

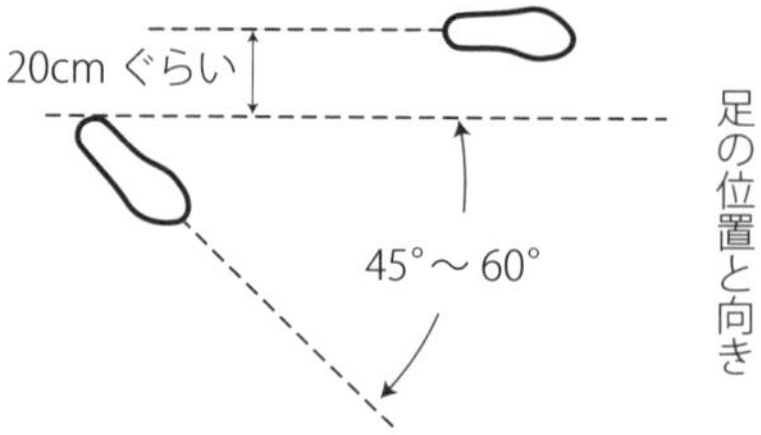

3 ◎ 弓歩分手（ゴンブーフェンショウ）

体を左に回し、左足を踏みしめながら重心を左足に移し、右膝を自然に伸ばして右踵を外側に蹴り出し左弓歩とする。同時に、両掌を前上方と後ろ下方に分け開き、左掌は体の前に目と同じ高さにし、掌心を斜め上に向ける。右掌は体の横にし、掌心を下に向けて指先は前に向ける。目は左掌を見る（写真7）。

要点

①弓歩の時、左つま先を東に向ける。左膝はつま先と同じ方向に向け、膝はつま先より前に出てはならない。右つま先は東南45～60度に向ける。

②両肘はわずかに曲げ、両腕は円形を保つ。上体は真っ直ぐにして、腰・股関節をリラックスさせる。

8

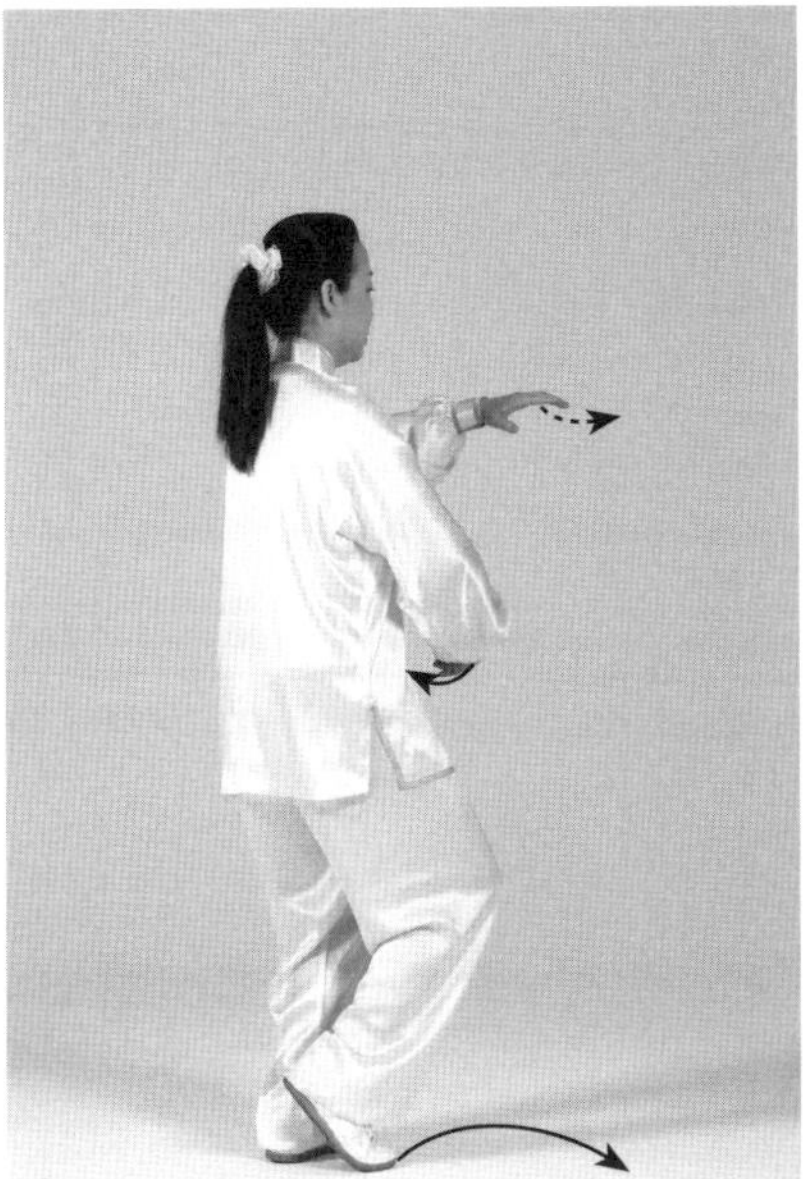
9

右野馬分鬃

1◎転体撇脚（チュワンティーピェジャオ）

重心を後ろに移しながら体をわずかに左に回し、左つま先を反らせて外側に開く。両掌はやや回転し、ボールを抱える準備をする。目は左掌を見る（写真8）。

2◎抱球収脚（バオチュウショウジャオ）

左つま先を外側（東北45度）に向けて踏みしめ、重心を左足に移しながら体を左に回し、右足を左足の内側に引き寄せ、つま先を地面につける（つけなくてもよい）。両掌は掌心を変えて左胸の前でボールを抱える形にする。目は左掌を見る（写真9）。

11

10

3◎転体上歩（チュワンティーシャンブー）

体を右に回しながら右足を前方に向けて踏み出し、踵から着地して重心は左足に残す。両足の横幅は20㎝くらいにする。両掌を少し交差させる。視線は左掌に沿って移動する（写真10）。

4◎弓歩分手（ゴンブーフェンショウ）

体を右に回し、右足を踏みしめながら重心を右足に移す。左膝を自然に伸ばして右弓歩とする。同時に、両掌を前上方と後ろ下方に分け開き、右掌は体の前に目と同じ高さにし、掌心は斜め上に向ける。左掌は体の横にし、掌心を下に向けて指先は前に向ける。目は右掌を見る（写真11）。

12

13

左野馬分鬃

1◎転体撤脚（チュワンティーピェジャオ）

動作は、右野馬分鬃の1の動作と同じ。
ただし、左右が逆になる（写真12）。

2◎抱球収脚（バオチュウショウジャオ）

動作は、右野馬分鬃の2の動作と同じ。
ただし、左右が逆になる（写真13）。

14

15

3◎転体上歩（チュワンティーシャンブー）
動作は、右野馬分鬃の3の動作と同じ。ただし、左右が逆になる（写真14）。

4◎弓歩分手（ゴンブーフェンショウ）
動作は、右野馬分鬃の4の動作と同じ。ただし、左右が逆になる（写真15）。

要点

①動作を行なう時、手と足および体の動きは同時にはじまって、同時に終わらせるように協調させせなければならない。

②野馬分鬃の動作は、定式の時、同じ側の掌と足を前に（左足を前にする時、左掌も前に）する。これを武術では順弓歩（シュンゴンブー）という。

3

白鶴亮翅《バイホーリャンチー》

1◎跟歩抱球（ゲンブーバオチュウ）

重心を左足に移しながら右足を左足踵に向けて半歩引き寄せ、つま先から着地する。同時に体をわずかに左に回して、左掌心を下向きに変え、右掌を体の前に移して右掌心を上向きに変え、両掌を上下相対させて左胸の前でボールを抱える形にする。目は左掌を見る（写真16）。

要点

①足を引き寄せる時、体を前に倒さないようにし、体を回す動作、ボールを抱える動作、足を引き寄せる動作は一致させる。

17

2◎後坐転体（ホウヅゥオヂュワンティー）

右足は、つま先を斜め前（東南45度）に向けて踏み下ろしながら重心を右足に移す。同時に体を右に回し、右掌は右上方に上げ、左掌を右前腕の内側に移す。視線は右掌に沿って移動する（写真17）。

要点

①重心を後ろに移す時、体は45度くらい右に回し、上体が仰向かないようにする。

18

3◎虚歩分手（シュイブーフェンショウ）

体を正面に回戻しながら両掌を右上・左下に分け開き、右掌は額の右前方にし、掌心を内側横に向ける。左掌は左足の横に押さえるようにし、指先は前に向ける。同時に左足をやや前に移し、つま先を着地させて虚歩とする。目は前方を見る（写真18）。

要点

①体を回し両掌を分ける動作と、足で着地する動作は一致させる。

②虚歩にする時に、両足の虚実の割合は前足が1、後ろ足は9。両足の横の間隔は左足を真っ直ぐ後ろに引いて、右足と重ならないようにする。

③上体を真っ直ぐさせ、腰をしっかり落とし、肩をリラックスさせる。

4 左右摟膝拗歩《ヴォウユーロウシーアオブー》

19

左摟膝拗歩

1◎転体擺臂（ヂュワンティーバイベイ）

体をやや左に回し、右掌を体の正面に移しながらおろし（体の左右の中心を越えないように）、掌心を上に向ける。目は右掌を見る（写真19）。

20

2◎擺臂収脚（バイベイショウジャオ）

体を右に回しながら右掌を引き続きおろし、股関節のそばを通って弧を描き右後上方へ頭の高さに上げ、掌心は斜め上に向ける。左掌は上に弧を描き、顔の前を通って右肩の前に移し、肘は手首よりやや低く、掌心は斜め下に向ける。同時に、左足を右足の内側に引き寄せ、つま先は着地させない。目は右掌を見る（写真20）。

要点

① 両掌を回す動作は必ず体を回す動作にしたがって行なう。

② 体は正面から右60度くらいに回し、上体を東南に向ける。両掌は正面から右後方に135度ぐらいのところで合わせる。

21

3◎屈臂上歩（チュイベイシャンブー）

体を左に回しながら、左足を前方に踏み出し、踵から着地させる。右肘を曲げ右掌を右耳のそばに移し、掌心は斜め前に向ける。左掌を右腹部の前に下ろして掌心を下に向ける。目は前方を見る（写真21）。

要点

①体を回しながら左足を前に踏み出し、バランスをよくするために、両足踵の横の間隔は20㎝くらい取った方がよい。

22

4◎弓歩推摟（ゴンブートイロウ）

体を引き続き左に回し、左足を踏みしめながら重心を左足に移し、右足を自然に伸ばして左弓歩とする。同時に、右掌を前に向かって推し出し、手首は肩の高さにする。左掌は弧を描きながら膝の前を払い、大腿部の外側に移す。掌心を下に向け、指先は前に向ける。目は右掌を見る（写真22）。

要点

①掌は前に推し出す時、肩を沈め、肘を落とし、指を伸びやかにする。
②体を回し、重心を前足に移し、掌で推し出し、掌で払う。これらの動きは必ず協調一致させて、同時に完成しなければならない。この時、腰・股関節を緊張させせないで上体は真っ直ぐにする。

右摟膝拗歩

1 ◎ 転体擺脚(ヂュワンティーピエジャオ)

重心を後ろに移して体をやや左に回し、左つま先を反らせて外側に開く。両掌をやや緩める。目は右掌を見る(写真23)。

2 ◎ 擺臂収脚(バイベイショウジャオ)

左つま先を外側に向けて踏みしめながら重心を徐々に左足に移し、右足を左足の内側に引き寄せる。同時に、左掌は掌心を上向きに変えながら弧を描いて体の左後方に上げ、右掌は上に弧を描きながら顔の前を通って左肩の前に移し、肘は手首よりやや低め、掌心は斜め下に向ける。目は左掌を見る(写真24)。

25

26

3◎屈臂上歩（チュイベイシャンブー）

動作は、左摟膝拗歩の3の動作と同じ。ただし、左右が逆になる（写真25）。

4◎弓歩推摟（ゴンブートイロウ）

動作は、左摟膝拗歩の4の動作と同じ。ただし、左右が逆になる（写真26）。

27

28

左摟膝拗歩

1◎転体撇脚（ヂュワンティーピエジャオ）
動作は、右摟膝拗歩の1の動作と同じ。ただし、左右が逆になる（写真27）。

2◎擺臂収脚（バイベイショウジャオ）
動作は、右摟膝拗歩の2の動作と同じ。ただし、左右が逆になる（写真28）。

29

30

3◎屈臂上歩（チュイベイシャンブー）

動作は、最初の左摟膝拗歩3の動作と同じ（写真29）。

4◎弓歩推摟（ゴンブートイロウ）

動作は、最初の左摟膝拗歩4の動作と同じ（写真30）。

要点

①この動作は繰り返し3回行なう。定式の時に、異なる側の掌と足を前に置く（左足が前の時、右掌が前になる）。これを武術では拗弓歩（アオゴンブー）という。

5 手揮琵琶《ショウホイピーパー》

31

1◎跟歩引手（ゲンブーインショウ）

右足は左足踵に向け半歩引き寄せると同時に、体をやや左に回し、右つま先から着地する。右腕を少し前に送り出す。目は前方を見る（写真31）。

32

2◎後坐引手（ホウヅゥオインショウ）

右踵をおろしながら重心を右足に移し、左踵を上げ、体は右に回すと同時に、右掌は胸の前に引くように動き、胸の高さにする。左掌は前に肩の高さに上げる。目は右掌を見る（写真32）。

33

3◎虚歩合掌（シュイブーホージャン）

体はわずかに左に回して、左足を踵で着地させ左虚歩とする。両腕を外旋させながら体の前に合わせる。両掌心を相対させ、左指先を鼻の高さにして、右掌は左肘の内側にし、肘よりやや低くする。目は左掌を見る（写真33）。

要点

①定式の時、両腕は円を保ちのびのびしている感じ。臀部を突き出したり、背中が曲がったりしてはならない。
②虚歩の時、両足の横の間隔は10 cm以上にならないようにする。

6 左右倒巻肱《ヅゥオユーダオジュエンゴン》

34

左倒巻肱

1◎転体撤手（ヂュワンティーチャーショウ）

体は右に回しながら、右掌は下に弧を描き斜め後ろに上げ、頭より高くならないようにして、掌心を斜め上に向ける。同時に、左掌心を上向きに変えて、両腕は自然に伸ばす。左足はそのままに保つ。目は横か右掌を見る（写真34）。

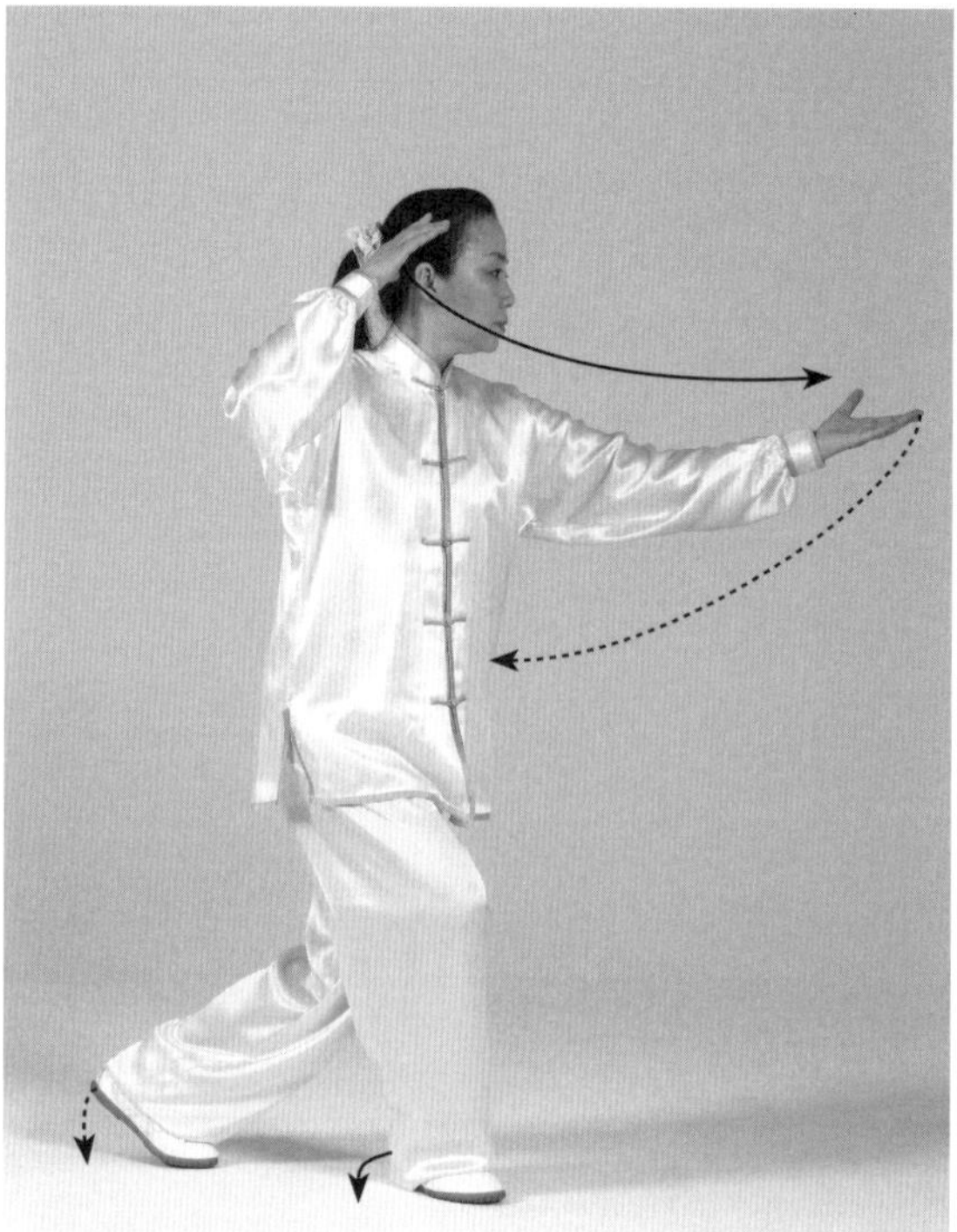

35

2◎退歩巻肱（トイブーヂュワンゴン）

左足は右踝の内側を通って後ろに下げ、つま先から着地させる。右腕を曲げ、右掌は耳のそばに持ってきて、掌心は斜め前方下に向ける。目は左掌を見る（写真35）。

要点

① 左足を後に下げる時、軸足の位置よりやや左外側に着地させる。

36

3 ◎ 虚歩推掌（シュイブートイジャン）

左踵を徐々に踏みしめながら重心を左足に移し、腰を左に回す。右掌を体の前に推し出し、指先は鼻と相対させる。左掌は後ろに、左腰のそばに引き戻して掌心を上に向ける。同時に、右足はつま先を軸として正面に向けて回し虚歩とする。目は右掌を見る（写真36）。

要点

① 虚歩になる時、両足の横幅は10㎝を越えないようにする。

② 右掌を前に推し出し、左掌を腰のそばに引き戻す時、体の前で上下すれ違うようにさせる。

37

38

右倒巻肱

1◎転体撤手（ヂュワンティーチャーショウ）
右足は虚歩のまま、踵を地面に着けない。体を左に回しながら、左掌は下に弧を描き、斜め後ろに頭の高さに上げ、掌心は斜め上に向ける。同時に、右掌心を上向きに変える。目は横か左掌を見る（写真37）。

2◎退歩巻肱（トイブーヂュワンゴン）
動作は、左倒巻肱２の動作と同じ。ただし、左右が逆になる（写真38）。

39

3◎虚歩推掌（シュイブートイジャン）

動作は、左倒巻肱3の動作と同じ。ただし、左右が逆になる（写真39）。

40

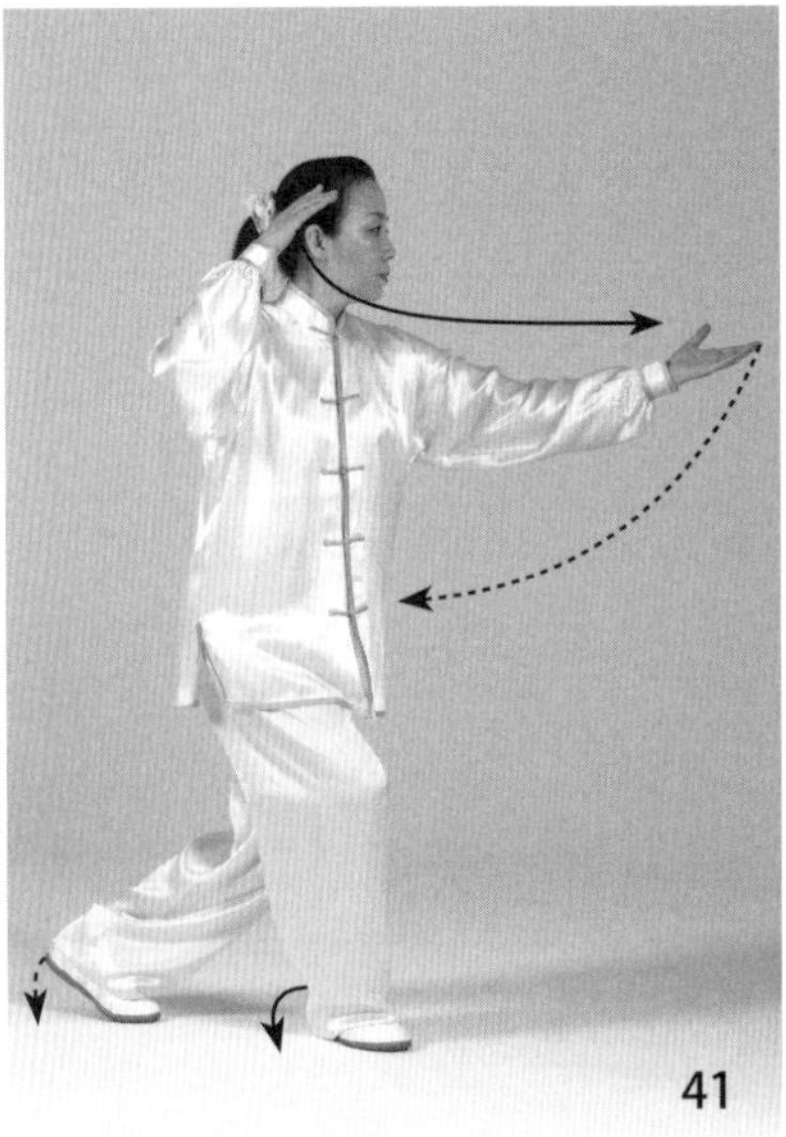

41

左倒巻肱

1◎転体撤手（ヂュワンティーチャーショウ）
動作は、前の左倒巻肱1の動作と同じ（写真40）。

2◎退歩巻肱（トイブーヂュワンゴン）
動作は、前の左倒巻肱2の動作と同じ（写真41）。

42

3◎虚歩推掌（シュイブートイジャン）

動作は、前の左倒巻肱3の動作と同じ（写真42）。

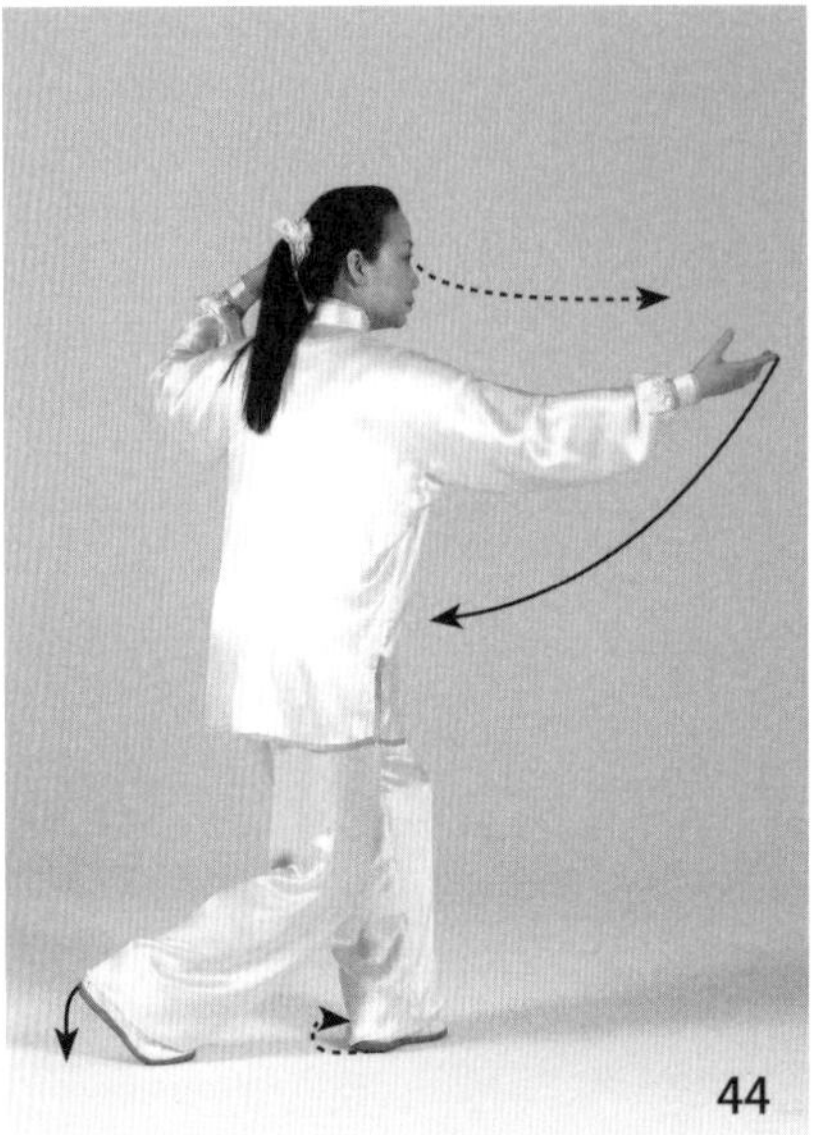

右倒巻肱

1◎転体撤手（ヂュワンティーチャーショウ）

動作は、前の右倒巻肱1の動作と同じ（写真43）。

2◎退歩巻肱（トイブーヂュワンゴン）

動作は、前の右倒巻肱2の動作と同じ（写真44）。

45

3◎虚歩推掌（シュイブートイジャン）

動作は、前の右倒巻肱3の動作と同じ（写真45）。

7 左攬雀尾《ヴゥオランチュエウェイ》

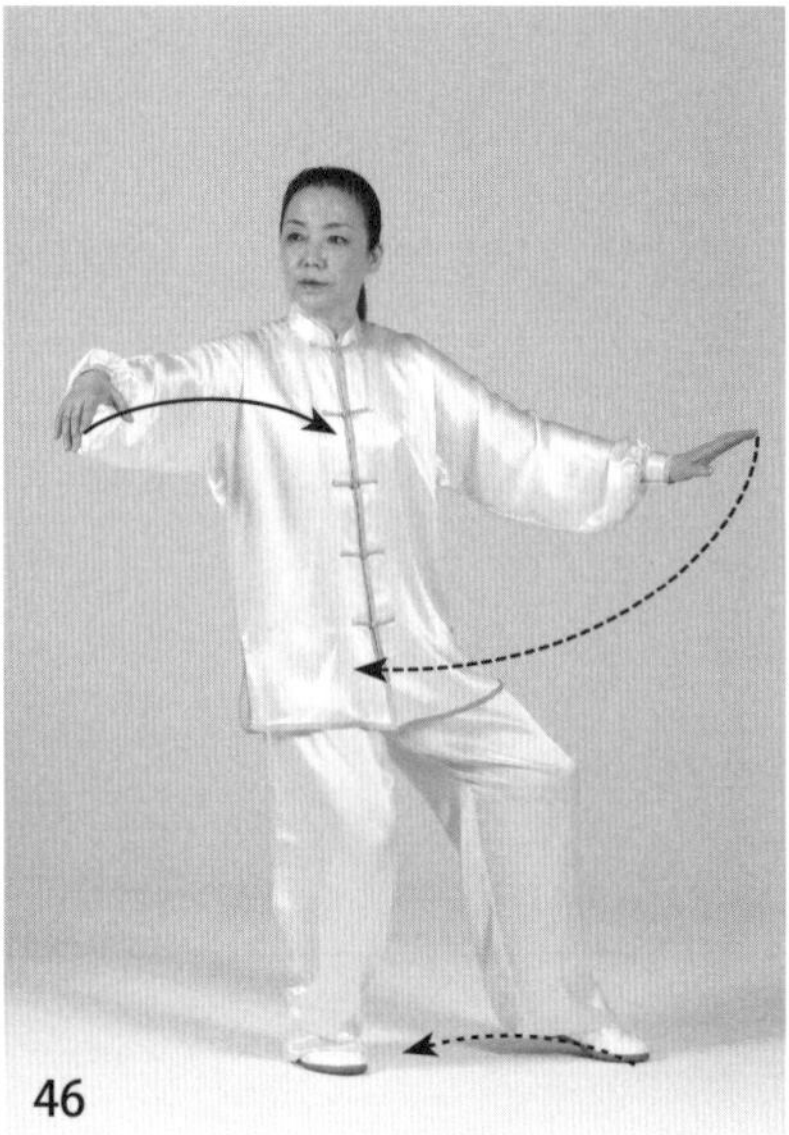
46

47

1◎抱球収脚（バオチュウショウジャオ）

体を引き続き右に回し、左足を右足の内側に引き寄せて、つま先は着地させない。同時に、右手は後ろに開き、左掌は下に、両掌は右胸の前でボールを抱える形にする。右掌は肩を越えず、左掌は股関節より下がらないように両腕は円形を保つ。目は右掌を見る（写真46・47）。

2◎転体上歩（ヂュワンティーシャンブー）

体を左に回しながら左足を前（東）に向け、一歩踏み出して踵で着地させる。この時の右足との横幅は約10㎝とする。同時

48

49

に、左掌はやや上げ、右掌はやや下げる。目は右掌を見る（写真48）。

3◎弓歩掤手（ゴンブーポンショウ）

左つま先を踏みしめながら重心を前に移し、右足を自然に伸ばして左弓歩とする。同時に、左腕を前に向けて張り出すように上げる（掤）。左掌は肩と同じ高さにして、掌心を内側に向ける。右掌は下に分け開き、体の横に押さえるようにし、掌心は下に向ける。目は前方を見る（写真49）。

要点

①掤の動作は太極拳でもっとも重要な動作である。左腕は円形を保ち、肩をリラックスさせ、上体を真っ直ぐにする。

50

4◎転体揮臂（ヂュワンティーホイベイ）

体をやや左に回す。同時に、両腕は斜め前上方に掌心を変えながら上げ、左掌心は斜め下に向け、右掌は左肘の内側、やや下に掌心を斜め上に向ける。目は左掌を見る（写真50）。

51

5◎虚歩後捋（シュイブーホウリュイ）

重心を後ろに移しながら体を右に回し、右膝を曲げる。同時に、両掌は下に引き込むようにしておろし（捋）、斜め後ろ45度くらいの方向に上げる。右掌は顔の高さにして掌心は斜め上に向け、左肘を曲げて左掌は右胸の前にし、掌心は内向きにする。目は右掌を見る（写真51）。

要点

① 両手の動きは体の回転と同時に行なう。下半身を安定させ、上体は真っ直ぐにする。

52

53

6◎転体搭手（チュワンティーダーショウ）

重心は右足にかけたままにして、体を左に回しながら右掌は左手首に移して軽く添え、両腕は肘を曲げて、両掌は体の前に胸と同じ高さで合わせる。左掌は横にして掌心は内側に向け、右掌心は外側に向ける。目は前方を見る（写真52）。

7◎弓歩前擠（ゴンブーチェンジー）

重心を前に移しながら右足を自然に伸ばして左弓歩とする。両腕は円形を保ち、重心を前に移すと同時に両掌は前に向けて推し出す（擠）。目は前方を見る（写真53）。

54

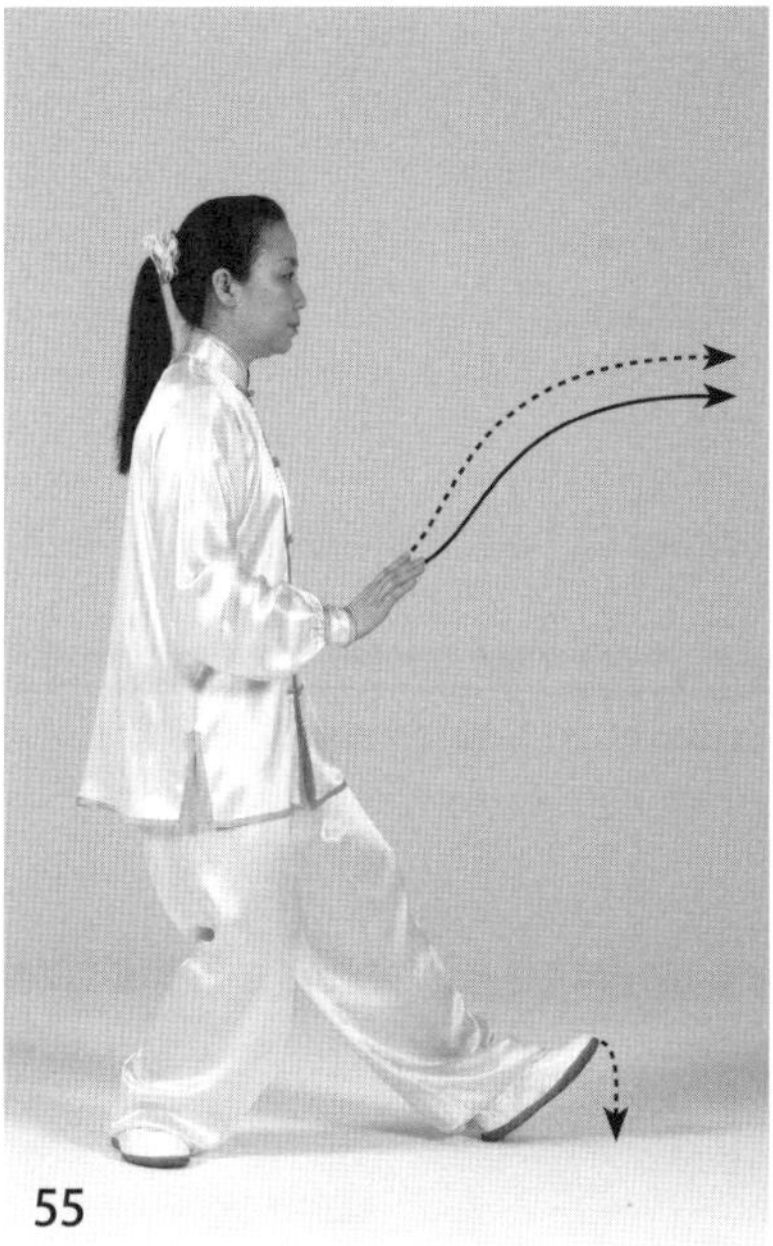

55

8◎引手後坐（インショウホウヅゥオ）

両掌を左右に肩幅と同じに開きながら掌心を下向きに変える。重心を後ろ足に移して、左つま先を反らせる。同時に、両掌を後ろに引き、胸の前を通って腹部の高さにおろす。掌心を斜め下に向け、手首は沈める。目は前方を見る（写真54・55）。

56

9◎弓歩前按（ゴンブーチェンアン）

重心を前に移して左弓歩とする。同時に両掌は腹部の前から前方に推し出し（按）、手首は沈めて肩と同じ高さにする。目は前方を見る（写真56）。

要点

① この式は掤、捋、擠、按の4つの動作で組み合わせなので、重心の移動と手の動きは体の回転にしたがって行ない、途切れないように注意する。
② 弓歩から虚歩へ、虚歩から弓歩へと転換する時、姿勢がゆがまないよう注意する。

8 右攬雀尾《ヨウランチュエウェイ》

57

1◎転体分手（ヂュワンティーフェンショウ）

重心を右足に移しながら体を右に回し、左つま先を約90度内側に入れる。同時に、右掌はやや上に弧を描きながら右に開く。左掌は分かれて体の左側におき、両掌心ともに外側に向ける。視線は右掌に沿って移動する（写真57）。

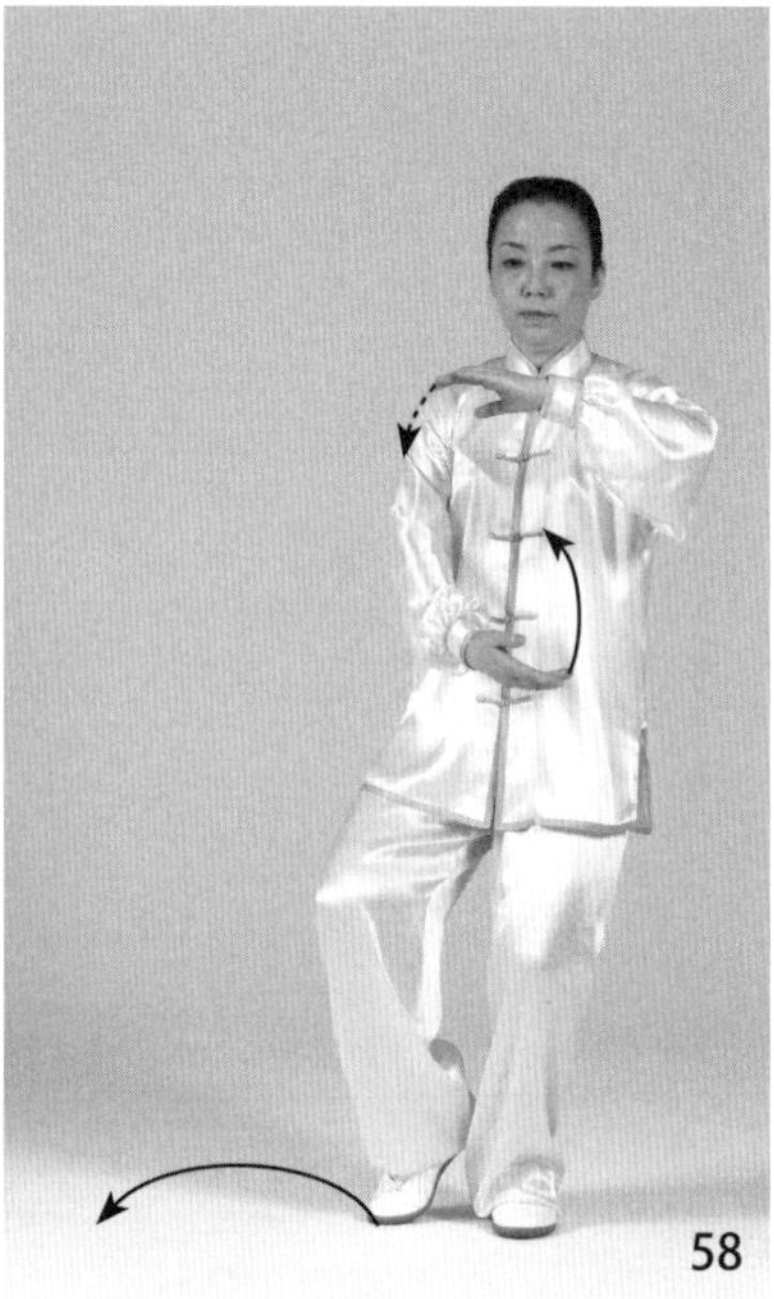

58

59

2◎抱球収脚（バオチュウショウジャオ）

重心を左足に移し、右足を左足の内側に引き寄せ、つま先を着地させる（着地させなくてもよい）。同時に、右掌を弧を描きながら下におろし、両掌は左胸の前でボールを抱える形を作る。左肘は曲げて掌心を下に向け、右掌掌心を上に向ける。目は左掌を見る（写真58）。

3◎転体上歩（チュワンティーシャンブー）

体を右に回しながら右足を前（西）に向け、一歩踏み出して踵で着地させる。この時、左足との横幅は約10㎝とする。同時に、右掌はやや上げ、左掌はやや下げる。目は左掌を見る（写真59）。

60

4◎弓歩掤手（ゴンブーポンショウ）

右つま先を踏みしめながら重心を右足に移し、左踵を外側に回し、左足を自然に伸ばして右弓歩とする。同時に、右腕を下より前に向けて張り出すように上げる（掤）。右掌は肩と同じ高さにし、掌心を内側に向ける。左掌を下に分け開き、体の横に押さえるようにし、掌心は下に向ける。目は前方を見る（写真60）。

61

62

5◎転体揮臂（ヂュワンティーホイベイ）

動作は、左攬雀尾4の動作と同じ。ただし、左右および方向が逆になる（写真61）。

6◎虚歩後捋（シュイブーホウリュイ）

動作は、左攬雀尾5の動作と同じ。ただし、左右および方向が逆になる（写真62）。

63

64

7◎転体搭手（チュワンティーダーショウ）

動作は、左攬雀尾6の動作と同じ。ただし、左右および方向が逆になる（写真63）。

8◎弓歩前擠（ゴンブーチェンジー）

動作は、左攬雀尾7の動作と同じ。ただし、左右および方向が逆になる（写真64）。

65

66

9◎引手後坐（インショウホウヅゥオ）

動作は、左攬雀尾8の動作と同じ。ただし、左右および方向が逆になる（写真65・66）。

67

10◎弓歩前按（ゴンブーチェンアン）

動作は、左攬雀尾9の動作と同じ。ただし、左右および方向が逆になる（写真67）。

要点

①「左攬雀尾」から「右攬雀尾」に移る時、右掌は体が右に回るにしたがって弧を描くが、左掌は右掌にしたがって動いてはならない。左つま先を内側に入れる角度は、体の正面くらいが適当である。角度がたりないと、次の弓歩に移るのが難しくなる。

9

単鞭《ダンビェン》

68

1◎転体雲臂（ヂュワンティーユンベイ）

左膝を曲げ、重心を左足に移しながら体を左に回し、右つま先は内側に入れる。同時に、右掌は下に弧を描いて左腹部の前に移し、掌心は斜め上に向け右腕は円形を保つ。左掌は顔の前を通って体の左側に弧を描き、掌心を外側に向け顔と同じ高さにする。目は左掌を見る（写真68）。

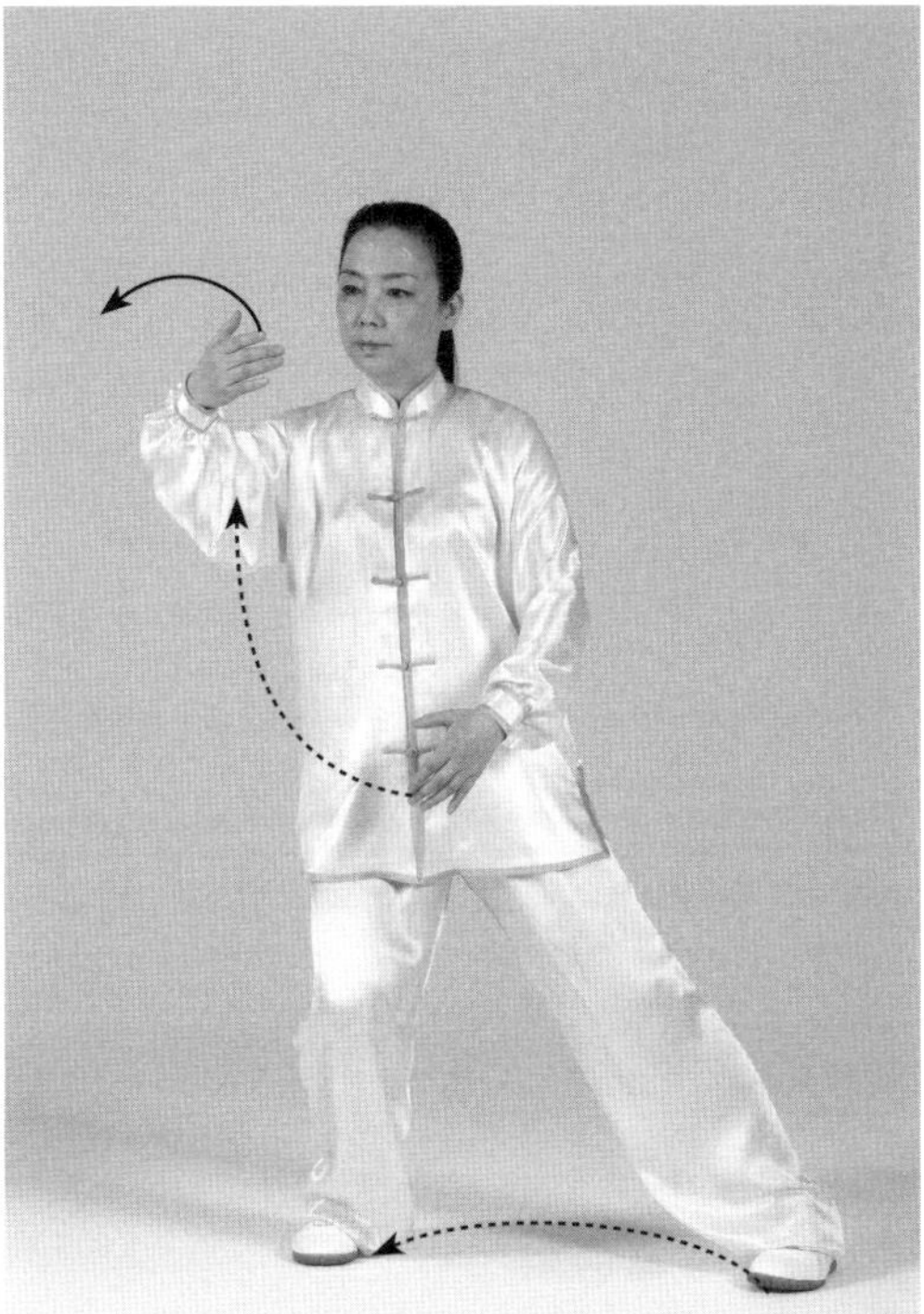
69

2◎転体雲臂（ヂュワンティーユンベイ）

重心を右足に移しながら体を右に回す。同時に、右掌を下から上へ顔の前を通って右に弧を描き、掌心は内側に向けて指先は斜め上にする。左掌は下に弧を描き右腹部の前に移し、掌心は内側に向け、腕は円形を保つ。視線は右掌を追って行く（写真69）。

70

71

3◎勾手収脚（ゴウショウショウジャオ）

重心をさらに右足に移して、左足を右足の内側に引き寄せる。同時に、右掌は体の右前方に掌心を外向きに変え手首を曲げながら指先を集め勾手にして、手首は肩と同じ高さにし、肘はやや下に沈める。左掌は引き続き上に弧を描き右肩の前に上げる。掌心は斜め内側に向ける。目は右勾手を見る（写真70）。

4◎転体上歩（チュワンティーシャンブー）

体は左に回し東南45度くらいに向ける。左足を左前方に一歩踏み出して踵で着地させる。両足の踵の横幅は10㎝を越えないようにする。同時に、左掌は上に弧を描き体の回転につれ左へ移し、掌心は内側に向け

72

顔の高さにする。右勾手はやや右に移す。目は左掌を見る（写真71）。

5◎弓歩推掌（ゴンブートイジャン）

体を引き続き左に回し、左つま先をやや斜め前方に向け踏みしめ、重心を左足に移し、右足を自然に伸ばして、右踵を外側に蹴り出し左弓歩とする。同時に左掌心を外向きに変えて前に向けて推し出す。手首は沈めて肩と同じ高さにして左肘と左膝は上下相対となる。勾手はそのままにする。目は左掌を見る（写真72）。

要点

① この式の方向は東を正面として左に15〜30度になる。

10

雲手《ユンショウ》

73

雲手（一）

1◎転体扣脚（ヂュワンティーコウジャオ）

重心を右足に移しながら体を右に回し、左つま先を内側に入れる。同時に、左掌は下に弧を描き腹部の前を通って右胸の前まで動く。掌心は内側に向ける。右勾手は掌に変え体を回すにつれやや右に移動する。目は右手を見る（写真73）。

74

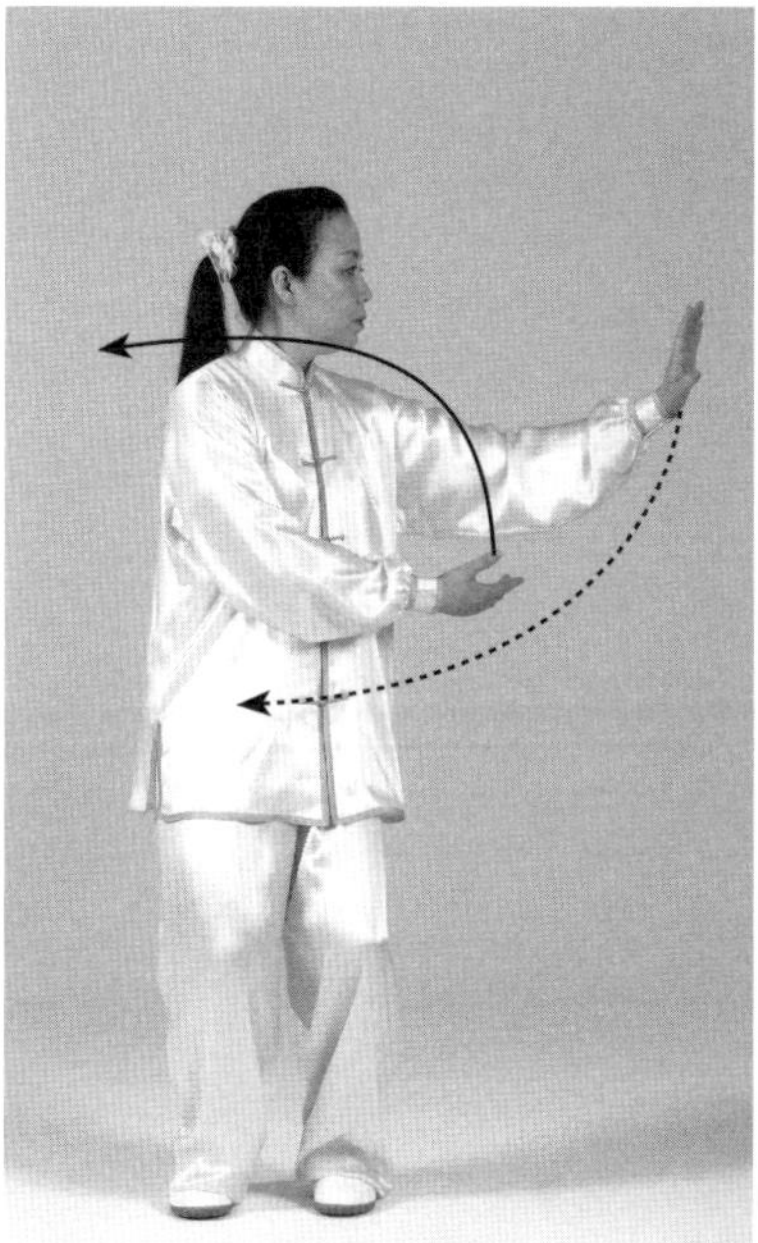
75

2◎雲手並歩（ユンショウビンブー）

体を左に回しながら重心を左足に移し、右足を左足のそばに引き寄せ、両足は平行にする。同時に、左掌は上に弧を描き顔の前を通って、掌心を徐々に外側に変えながら、左へ体の横に移す。手首は肩の高さにする。右勾手は開き、掌に変えて下に弧を描き、腹部の前を通って左肩の前に上げる。掌心は斜め上に向ける。目は左掌を見る（写真74・75）。

要点

① 右足を左足のそばに引き寄せる時、両足の間隔は10㎝くらい取って平行させる。

76

77

雲手（二）

3◎雲手開歩（ユンショウカイブー）

体を右に回しながら重心を右足に移して左足は左に一歩踏み出し、つま先から着地させて両足は平行にする。右掌は上に弧を描き顔の前を通って右に、掌心を徐々に外向きに変え体の横に移す。左掌は下に弧を描き、腹部の前を通って右肩の前に移す。掌心を斜め上に向ける。目は右掌を見る（写真76・77）。

79

78

4◎雲手並歩（ユンショウビンブー）

体を左に回しながら重心を左足に移し、右足を左足の内側に引き寄せ、両足は平行にする。同時に、左掌は上に弧を描き顔の前を通って、掌心を徐々に外側に変え左へ体の横に移す。手首は肩の高さにする。右掌は下に弧を描き、腹部の前を通って左肩の前に上げる。掌心は斜め上に向ける。目は左掌を見る（写真78・79）。

雲手（三）

80

81

5◎雲手開歩（ユンショウカイブー）

動作は、3の動作と同じ（写真80・81）。

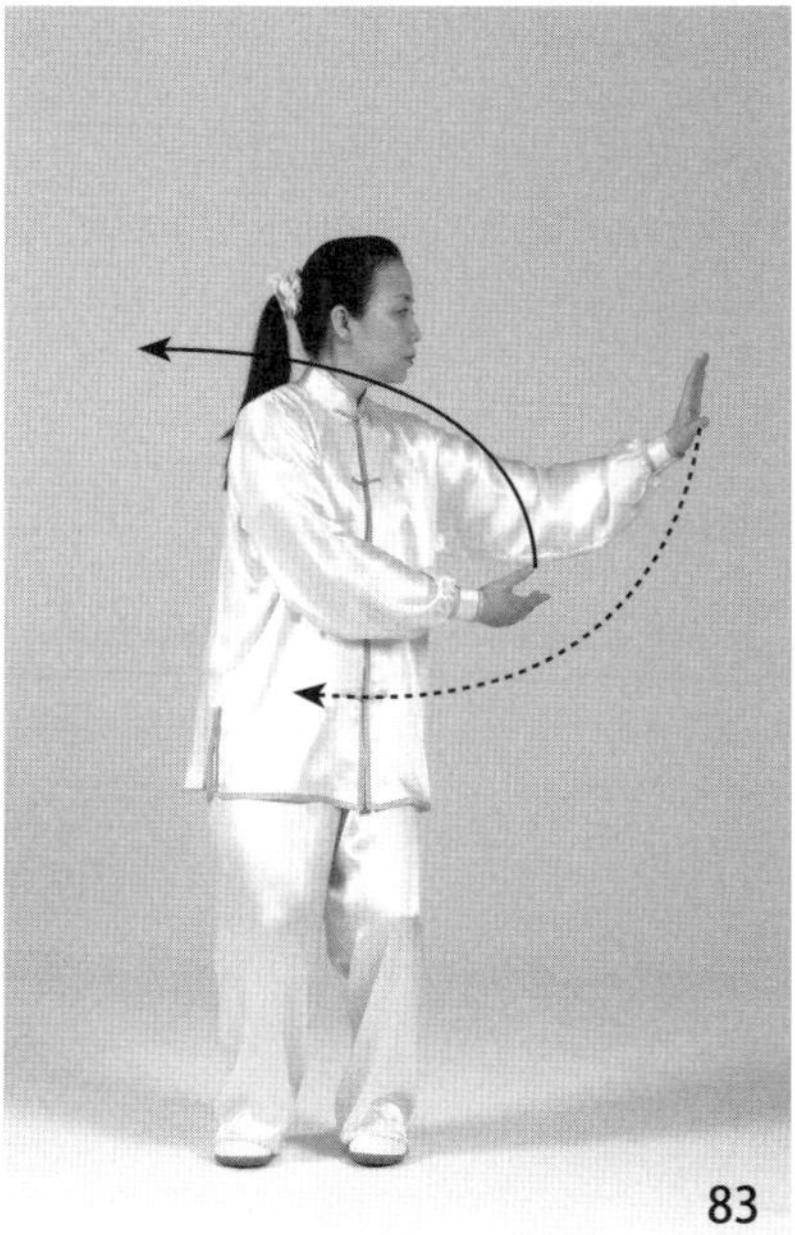

83

82

6◎雲手並歩（ユンショウビンブー）

動作は、4の動作と同じ（写真82・83）。

要点

①重心を左右に移動するときは、必ず徐々に行ない、体の回転で両手を動かす。
②この式の歩型は「起勢」の「開立歩」より狭い。体の重心は両足の虚実が転換される中で移動しなくてはいけない。「開立歩」の様に両足に均等にかけないようにする。初心者は往々にして両つま先を「八」の字に開いたり、あるいは両足の間隔が広過ぎたり、狭過ぎたりしているので注意する。

11 単鞭《ダンビェン》

84

85

1◎転体勾手（ヂュワンティーゴウショウ）

体を右に回しながら重心を右足に移し、左踵を上げる。同時に右掌は上に弧を描き、顔の前を通って体の右前方に掌心を外側に変えて、手首を曲げ指先を集め勾手にする。手首は肩と同じ高さにして、肘はやや下に沈める。左掌は下に弧を描き、腹部の前を通って右肩前に上げ、掌心は内側に向ける。目は右勾手を見る（写真84・85）。

86

2◎転体上歩（ヂュワンティーシャンブー）

動作は、9番単鞭4の動作と同じ（写真86）。

87

3◎弓歩推掌（ゴンブートイジャン）

動作は、9番単鞭5の動作と同じ（写真87）。

12 高探馬《ガォータンマー》

1◎後脚跟歩（ホウジャオゲンブー）

重心を左足に移しながら、右足を前に半歩進んでつま先を着地させる。同時に、左掌はやや前に伸ばす。右勾手は開く。目は左掌を見る（写真88）。

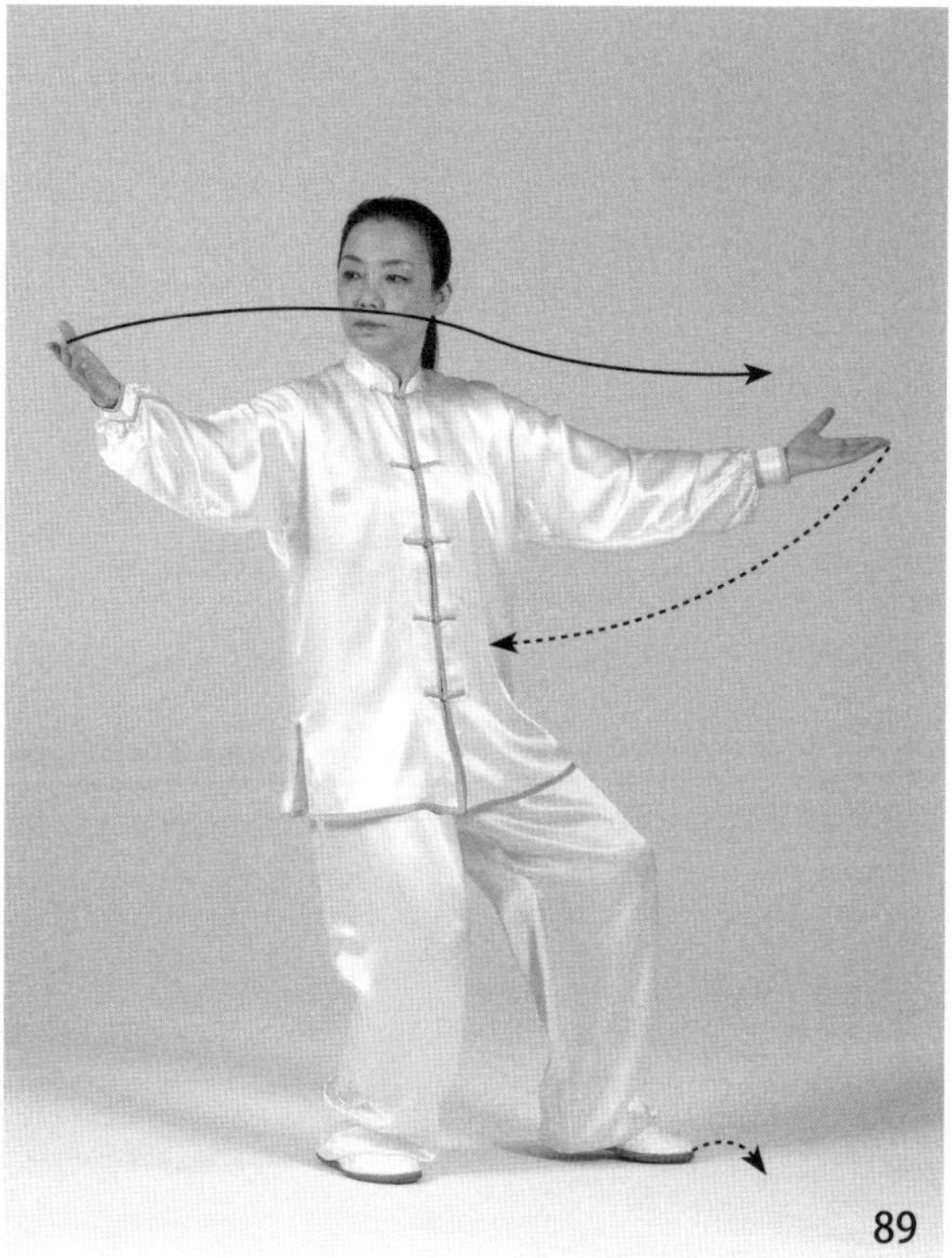
89

2◎後坐翻手（ホウヅゥオファンショウ）

右つま先を斜めに向けて踏みしめ、重心を右足に移し、体を右に回しながら左足は踵から徐々に地面を離れる。同時に、右掌を掌に変え、両掌心は同時に上向きに変えて両肘はやや曲げる。視線は右横に移す（右掌を見てもよい）（写真89）。

90

3 ◎ 虚歩推掌（シュイブートイジャン）

体を前方に回しながら左足を少し前に移し、つま先を着地して左虚歩とする。同時に、右掌を耳の近くから前に向けて推し出し、手首は肩と同じ高さにする。左掌は腹部の前に引き寄せ、掌心を上に向ける。目は右掌を見る（写真90）。

要点

この式と倒巻肱との違いは次の通りである。

① 倒巻肱は順歩（シュンブー）の虚歩推掌である。つまり前に推す掌と虚歩となっている足が同じ側（右掌ならば右足）になっているが、この式は拗歩の虚歩推掌である。すなわち、前に推す掌と前に虚歩となっている足が逆（右掌ならば左足）になる。したがってここでは前への肩の送り出しが倒巻肱よりは小さい。

② 左掌を腹部の前に引き寄せる時、倒巻肱のように腰の横までできてはならない。

13

右蹬脚《ユードンジャオ》

91

1◎穿手収脚（チュワンショウショウジャオ）

体をやや右に回して、左足を少し引き寄せる。同時に、右掌をやや後ろに引き、左掌は掌心を上に向けたまま、右手首の上から差し出して両手を交差させる。目は左掌を見る（写真91）。

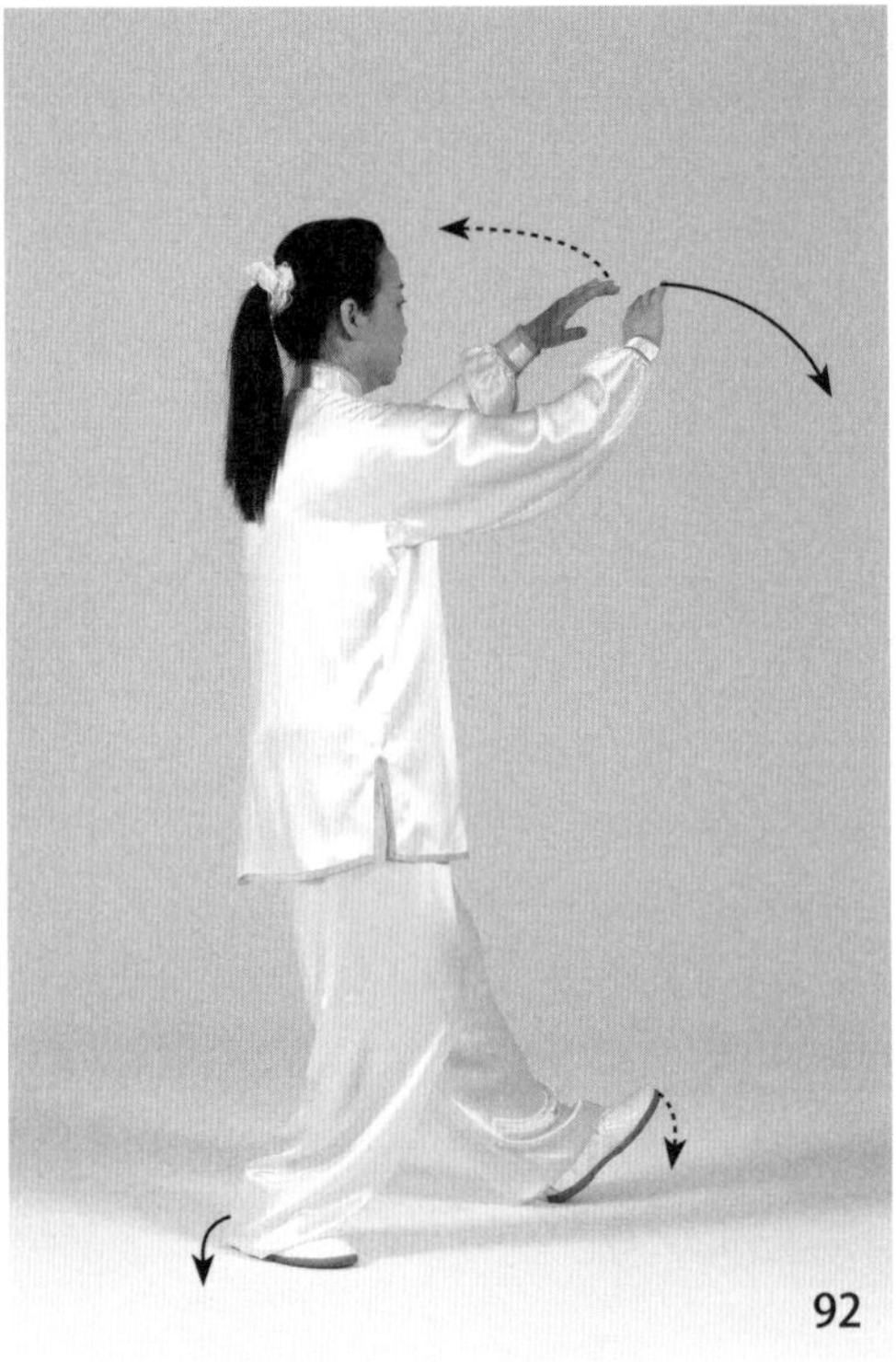

2◎翻手上歩(ファンショウシャンブー)

体を左に回して、左足を左前方に踏み出す。同時に、左掌心を外向きに変えながら両掌は左右に開く。目は右掌を見る(写真92)。

93

3◎分手弓腿（フェンショウゴントイ）

左つま先を踏みしめながら重心を左足に移し、右足は自然に伸ばす。両掌は引き続き弧を描きながら左右対称に開く。目は右掌を見る（写真93）。

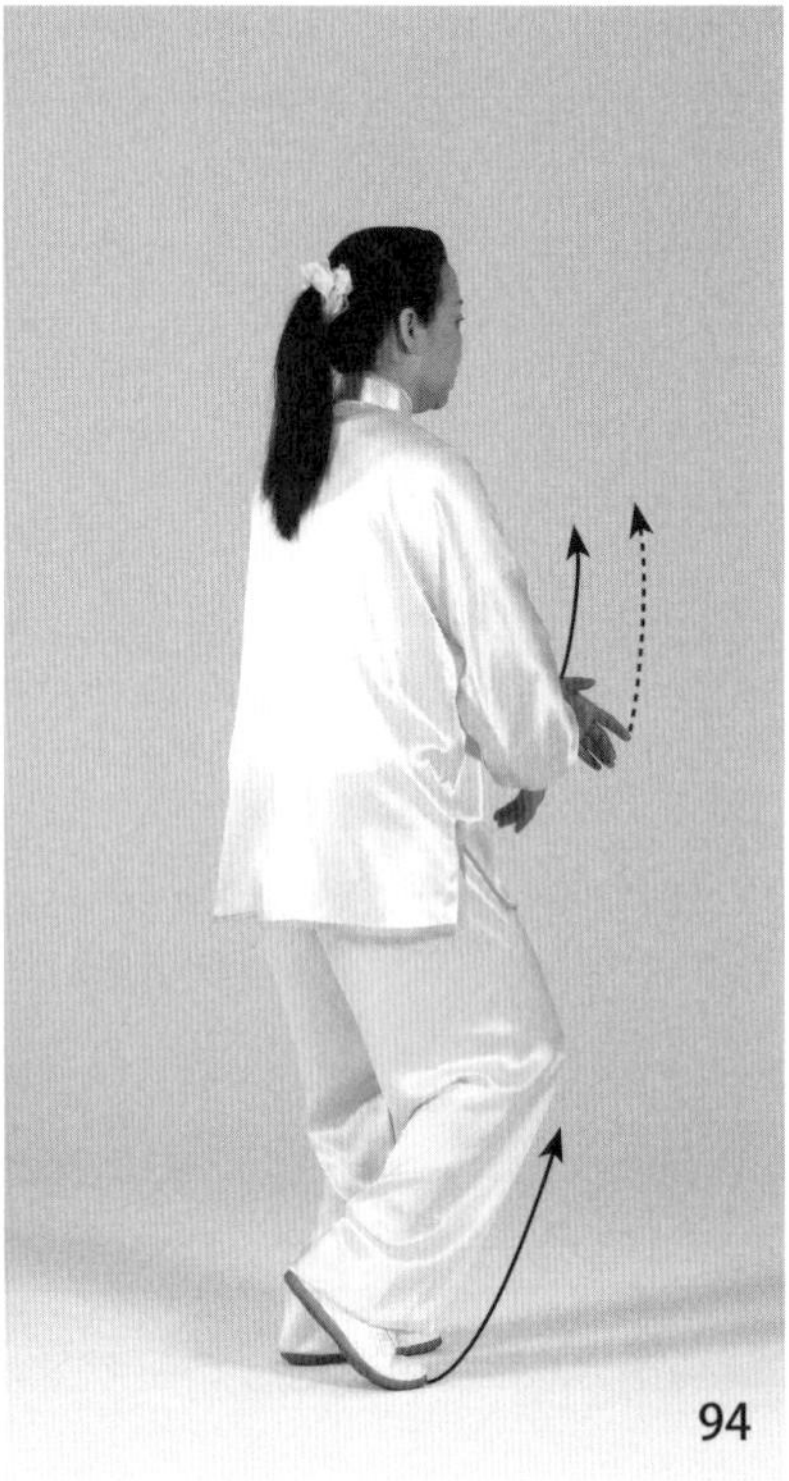
94

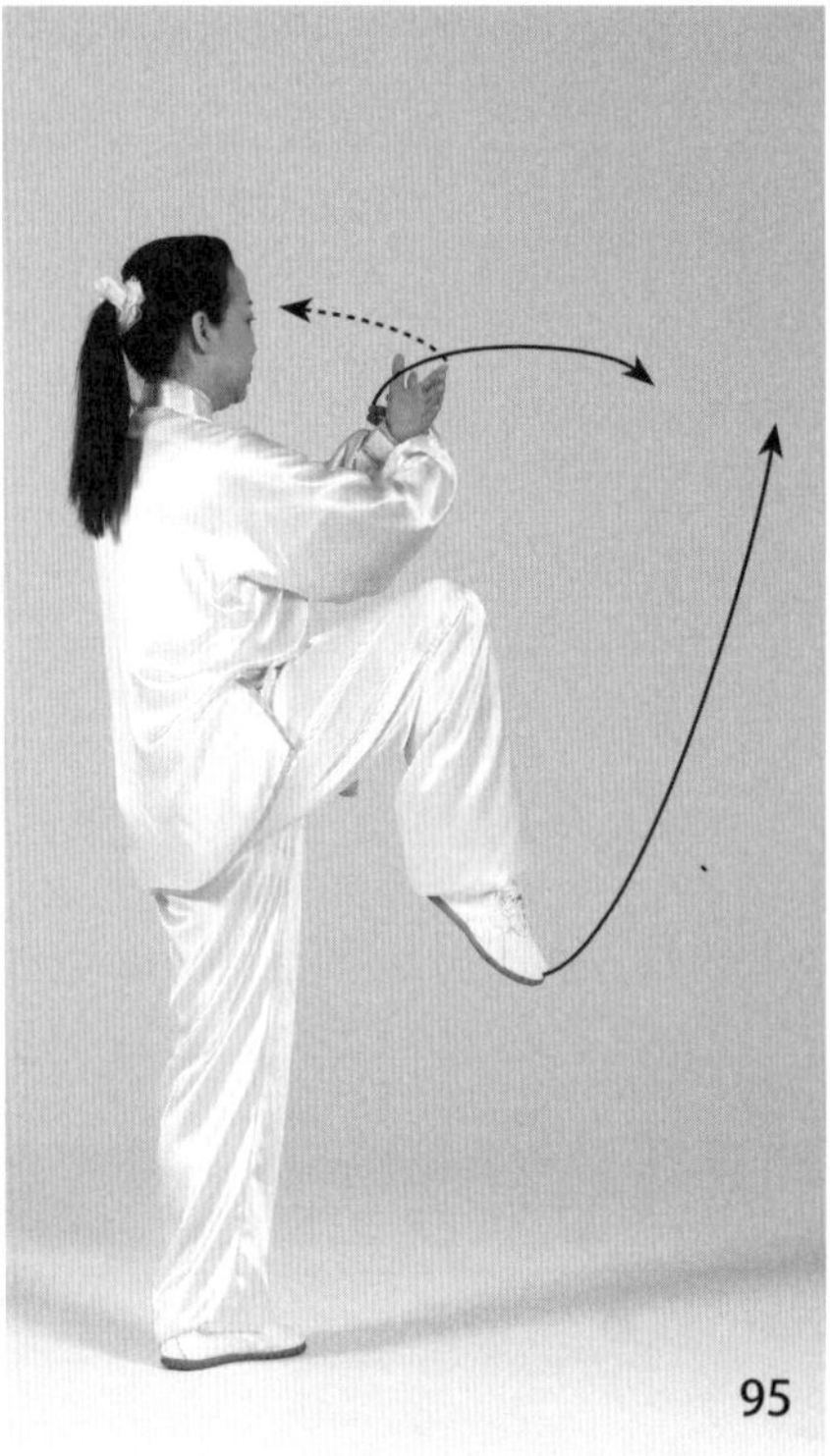
95

4◎抱手提腿（バオショウティートイ）

重心を左足に移しながら右足を左足の内側に引き寄せ、左足を自然に伸ばして立ち上がりながら、右足は膝を曲げ持ち上げる。同時に両掌は下に弧を描き腹部の前で交差させ、胸の前に持ち上げ、右掌は外側にして両掌心は内側に向ける。目は左掌（または右前方）を見る（写真94・95）。

要点

① 右膝を曲げて持ち上げる時に、右つま先は自然にして下に垂らす。

5◎分手蹬脚（フェンショウドンジャオ）

右つま先を反らせ、右前方（東南30度）に向かって踵でゆっくり蹴り出して伸ばす。同時に右掌は右前方に左掌は左後方に弧を描きながら分け開き、両掌心ともに斜め外側に向ける。右腕は右足と上下相対させる。目は右掌を見る（写真96）。

要点

①蹬脚の力点は踵に注ぐ。踵の高さはできれば腰より高くする。ただし、初心者は無理をする必要はない。低くてもかまわないので、バランスをとることを大切にする。

14

双峰貫耳《ショアンフォングワンアル》

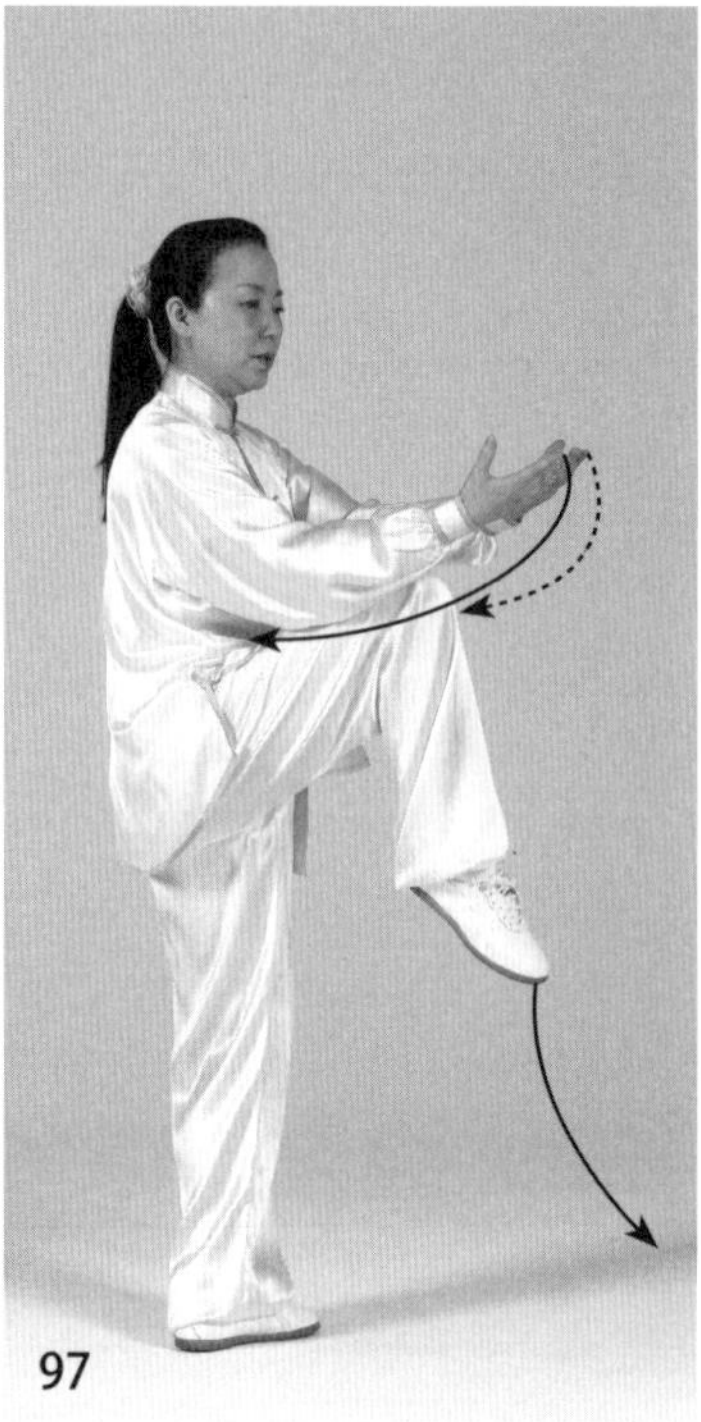

97

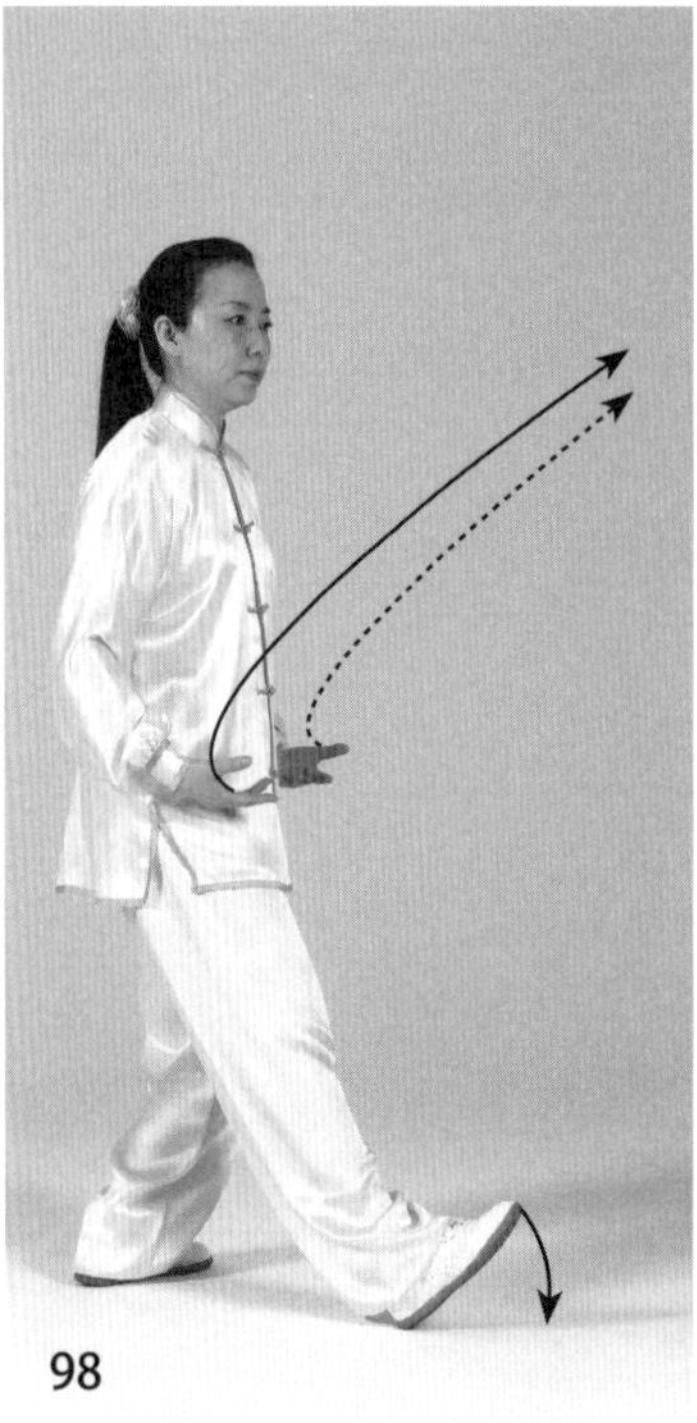

98

1◎収脚並手（ショウジャオビンショウ）

体を右に回し、右足は膝を曲げて引き寄せる。同時に、両掌心を上向きに変えながら、体の前、右膝の上に寄せておろす。目は前方を見る（写真97）。

2◎上歩落手（シャンブールオショウ）

左膝を曲げて中腰の姿勢になりながら右足を右前方（東南30度）に踵からおろす。両掌を下に、股関節の両側におろす。目は前方を見る（写真98）。

99

3◎弓歩貫拳（ゴンブーグワンチュアン）

右つま先を踏みしめ、右膝を曲げながら重心を右足に移して右弓歩とする。同時に、両掌は拳に変えながら体の両側から前方に弧を描き、顔の前で貫拳にする、両掌は耳と同じ高さ、頭と同じくらいの間隔にする。目は右拳を見る（写真99）。

要点

① 両掌が前に弧を描く時、肩は沈めて、肘は落とす。
② 定式の時、両腕は円形を保ち、手首が下に折れないようにする。

15

転身左蹬脚《ヂュワンシェンヅゥオドンジャオ》

100

1◎転体分手（ヂュワンティーフェンショウ）

重心を後に移しながら体を左に回し、右つま先を内側に入れる。同時に両拳を掌に変えながら左右に弧を描いて開き、手首は肩の高さにして両掌心とも外側に向ける。目は左掌を見る（写真100）。

要点

①右つま先を内側に入れる角度は、東北約45度とした方がよい。これは「左蹬脚」がしやすいだけではなく、次の「左下勢独立」にもしやすくなる。

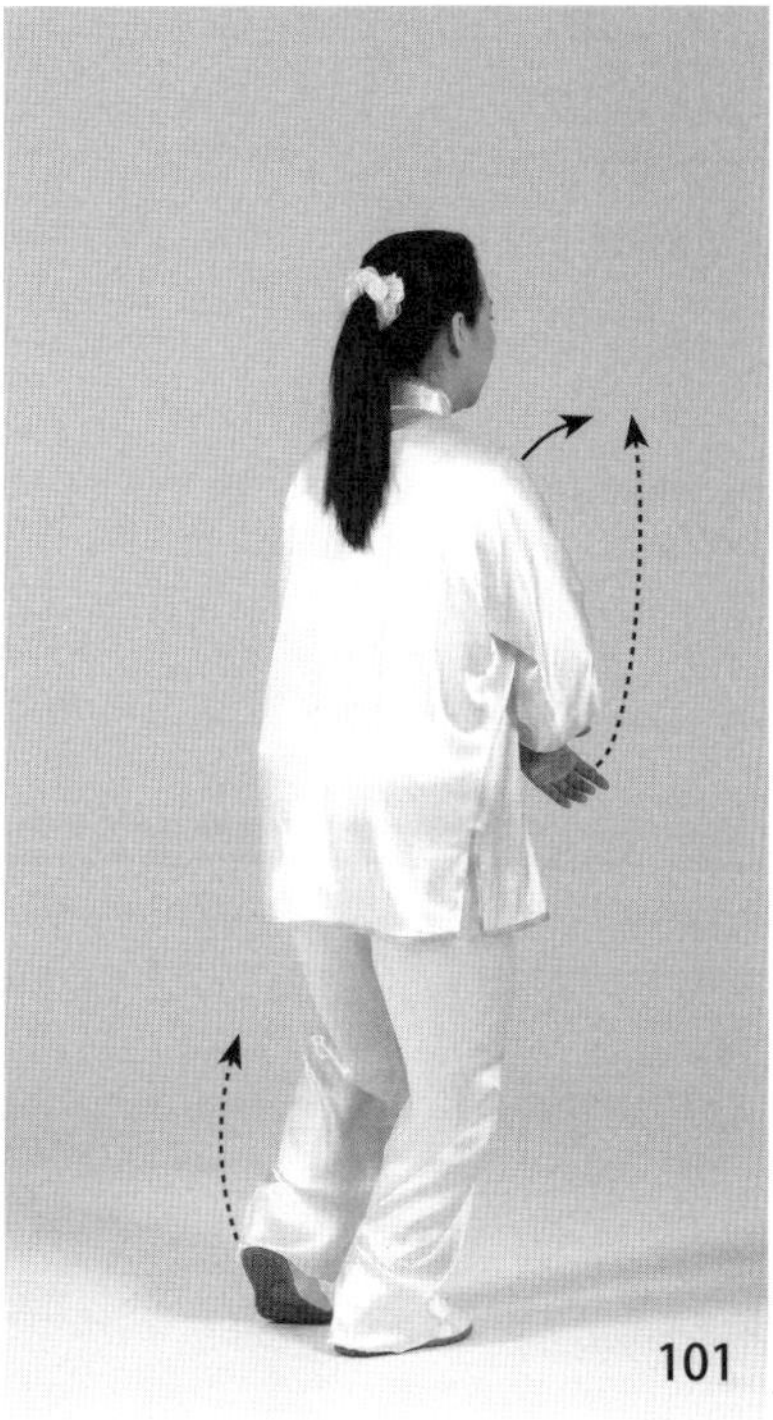

101

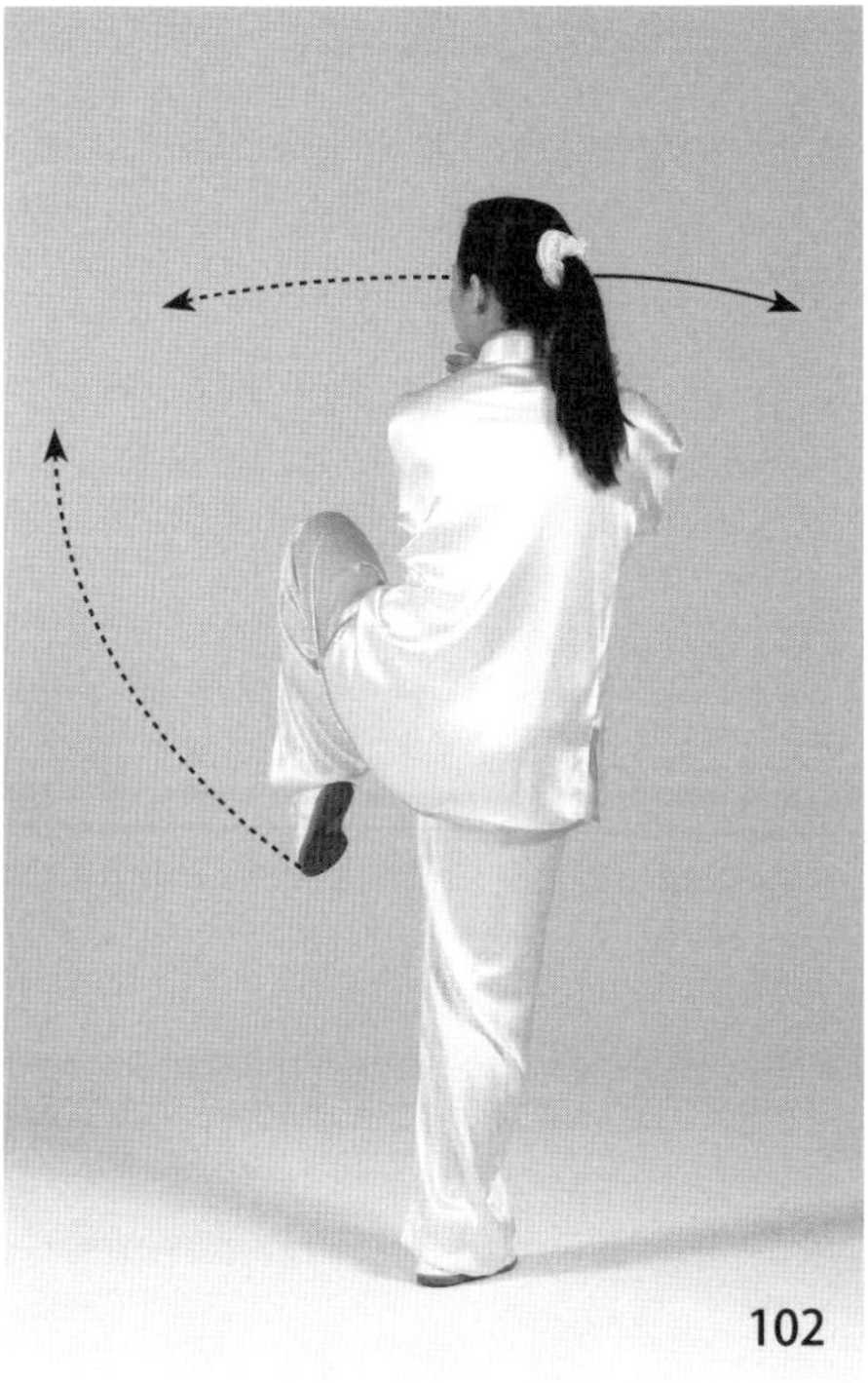

102

2◎抱手提腿（バオショウティートイ）

重心を右足に移しながら左足を右足の内側に引き寄せ、右足を自然に伸ばして立ち上がりながら、左足は膝を曲げて持ち上げる。同時に両掌は下に弧を描き、腹部の前で交差させ、胸の前に持ち上げる。左掌は外側にして両掌心は内側に向ける。目は右掌（または左前方）を見る（写真101・102）。

103

3◎分手蹬脚（フェンショウドンジャオ）

左つま先を反らせ、左前方（西北30度）に向かって踵でゆっくり蹴り出して伸ばす。同時に左掌は左前方に、右掌は右後方に弧を描きながら開き、両掌心ともに斜め外側に向ける。左腕と左足は上下相対させる。目は左掌を見る（写真103）。

要点

①左蹬脚の方向は西北30度。右蹬脚の方向は東南30度。この二つの蹬脚の方向は正反対となる。

16

左下勢独立《ヅゥオシャーシードゥーリー》

104

1◎収脚勾手（ショウジャオゴウショウ）

左足は膝を曲げ右踝に引き寄せ、つま先は地面につけ（つけなくてもよい）、右足はやや曲げて体を右に回す。同時に右掌を勾手に変えながら体の右前方に移し、勾手は東北45度くらいの方向に置く。左掌は顔の前を通って右肩の前に移し、掌心は斜め下に向ける。目は右勾手を見る（写真104）。

105

2◎屈蹲開歩（チュイドゥンカイブー）

右膝を曲げて腰を落とし、左足を左側に地面に沿って伸ばしながら出し、つま先を内側に向け、両足裏を地面に着けて右弓歩とする。右勾手はそのままにして左掌を少し下におろす。目は右勾手を見る（写真105）。

要点

① 左足は左側に出す時、滑らないように注意する。左つま先と右踵はおおよそ横一直線上にそろえて出すと腰を落としやすい。

106

3◎仆歩穿掌（プーブーチュワンジャン）

右膝を深く曲げて腰を落とし、体を左に回して左仆歩とする。同時に、左掌を左足の内側に沿って前に突き出し、掌心は外側に向けて指先は前に向ける。右勾手はそのままにする。目は左掌を見る（写真106）。

要点

① 仆歩になるとき、両足裏は絶対地面から離れないようにする。

107

4◎弓歩起身（ゴンブーチーシェン）

左つま先を外側に開き、重心を左足に移しながら左膝を曲げ、右つま先を内側に入れて右足を自然に伸ばして左弓歩とする。左掌は引き続き前上方に肩の高さまで突き上げる。右勾手は下におろしながら腕を内旋させ、勾手の指先を上に向けて体の後ろにする。目は左掌を見る（写真107）。

108

5◎独立挑掌（ドゥーリーティァオジャン）

引き続いて重心を左足に移しながら、徐々に立ち上がって、右足は引き寄せて、右膝を曲げゆっくりと持ち上げ、つま先を自然に垂らし、独立歩とする。同時に、右勾手を掌に変えて、右足の外側に沿って下から前上方に上げる。掌心は左に向け、鼻と同じ高さにして肘と膝を上下相対させる。左掌は下方に、左股関節のそばにおろして押さえるようにする。掌心は下に向けて指先は斜め前に向ける。目は右掌を見る（写真108）。

要点

① 独立歩とする時、左足はつま先をやや外側へ向け、膝をわずかに曲げて自然に伸ばす。上体は真っ直ぐにし、前傾したり後ろに反ったりしないようにする。

17 右下勢独立《ユーシャーシードゥーリー》

109

1◎落脚勾手（ルオジャオゴウショウ）

右足を左足の前方におろして、つま先を着地させる。体を左に回すと同時に、左足前底を軸にして踵を内側に回し重心を左足に置く。左掌を下から斜め後ろ（東南約45度）に上げながら勾手に変え、手首は肩と同じ高さにする。右掌は弧を描きながら顔の前を経て左肩の前に移す。掌心は斜め下に向ける。目は左勾手を見る（写真109）。

110

2◎屈蹲開歩(チュイドゥンカイブー)

左膝を曲げて腰を落とし、右足は少し引き上げてから、右側に地面に沿って伸ばしながら出して、つま先を内側に向け、両足裏を地面に着けて左弓歩とする。左勾手はそのままにして右掌を少し下におろす。目は左勾手を見る(写真110)。

111

3◎仆歩穿掌（プーブーチュワンジャン）

動作は、「左下勢独立」の３の動作と同じ。ただし、左右が逆になる（写真111）。

112

4◎弓歩起身（ゴンブーチーシェン）

動作は、「左下勢独立」の4の動作と同じ。

ただし、左右が逆になる（写真112）。

113

5◎独立挑掌（ドゥーリーティアオジャン）

動作は、「左下勢独立」の5の動作と同じ。

ただし、左右が逆になる（写真113）。

18

左右穿梭《ヅゥオユーチュワンスゥオ》

右穿梭

114

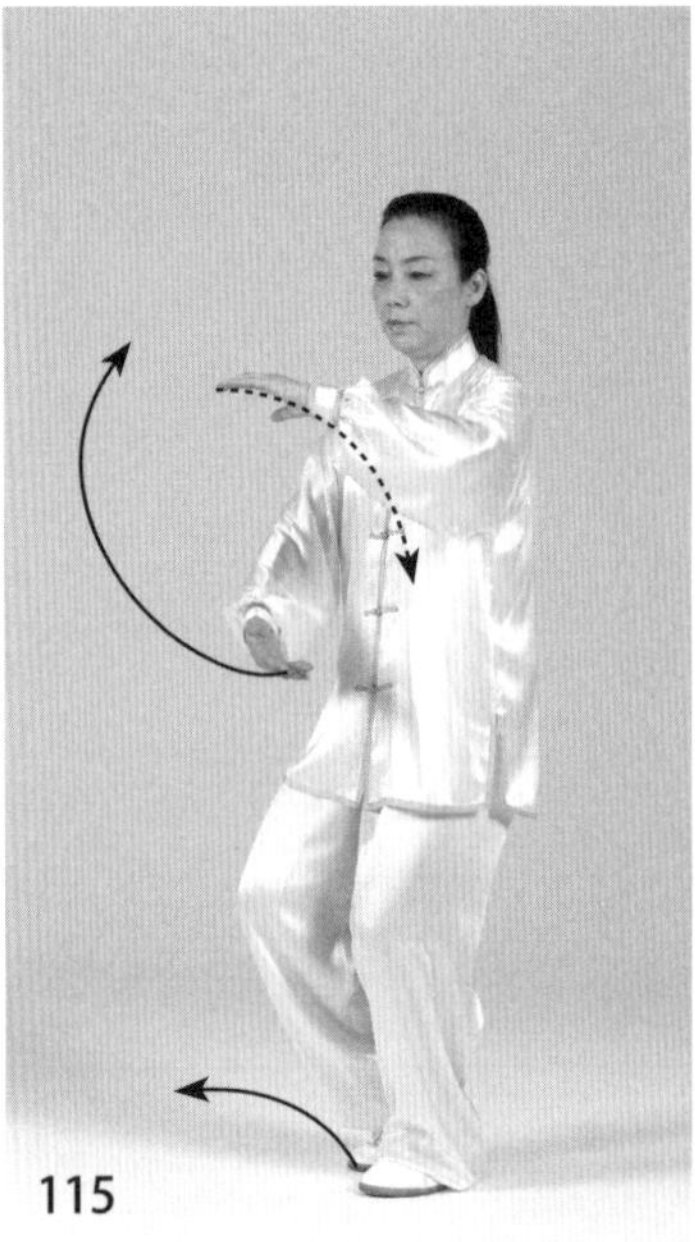

115

1◎抱手収脚（バオチュウショウジャオ）

左足を踵から前におろし、つま先は外側に向け、重心を左足に移して右足を左足のそばに近づける。同時に、体を左に回し、左掌心を下向きに変え右掌は前に移し、両掌で胸の前に「抱球」の形を作る。目は左掌を見る（写真114・115）。

116

117

2◎上歩錯手（シャンブーツゥオショウ）

体を右に回しながら、右足を右前方に踵から踏み出す。同時に、右掌を前上方に上げ、左掌は下におろし、手首を沈めて掌心を前に向ける。目は右掌を見る（写真116）。

3◎弓歩架推（ゴンブージャートイ）

右足を踏みしめながら、膝を曲げて重心を右足に移し、左足を自然に伸ばして右弓歩となる。同時に、左掌を体の前に向かって推し出し、鼻と同じ高さにして掌心は前に向ける。右掌は掌心を徐々に上向きに変え弧を描きながら上げ、掌心を斜め上に向け額の右前上方に支えるようにする。目は左掌を見る（写真117）。

118

119

左穿梭

1◎転体撇脚（ジュワンテイーピエジャオ）

重心を後ろに移しながら体をやや左に回し、右つま先をわずか外側に開く。同時に、左掌は体の回転にしたがい、やや左に弧を描いておろす。右掌も回転にともなって少々おろす。目は左掌を見る（写真118）。

2◎抱手収脚（バオショウショウジャオ）

右つま先を踏みしめて重心を右足に移し、体を右に回しながら左足を右足の内側に引き寄せる。左掌心を上向きに変え、両掌は右胸の前で「抱球」の形を作る。目は右掌を見る（写真119）。

121

120

3◎上歩錯手（シャンブーツゥオショウ）

体を左に回しながら、左足を左前方に踏み出す。その他の動作は、右穿梭の2の動作と同じ。ただし、左右は逆になる（写真120）。

4◎弓歩架推（ゴンブージャートイ）

動作は、右穿梭の3の動作と同じ。ただし、左右は逆になる（写真121）。

要点

①弓歩と推掌の方向は一致させ、西北・西南30度にする。

②弓歩の時、両足の位置が一直線上にならないように、適切な横幅をとるように注意する。

19

海底針《ハイディーヂェン》

122

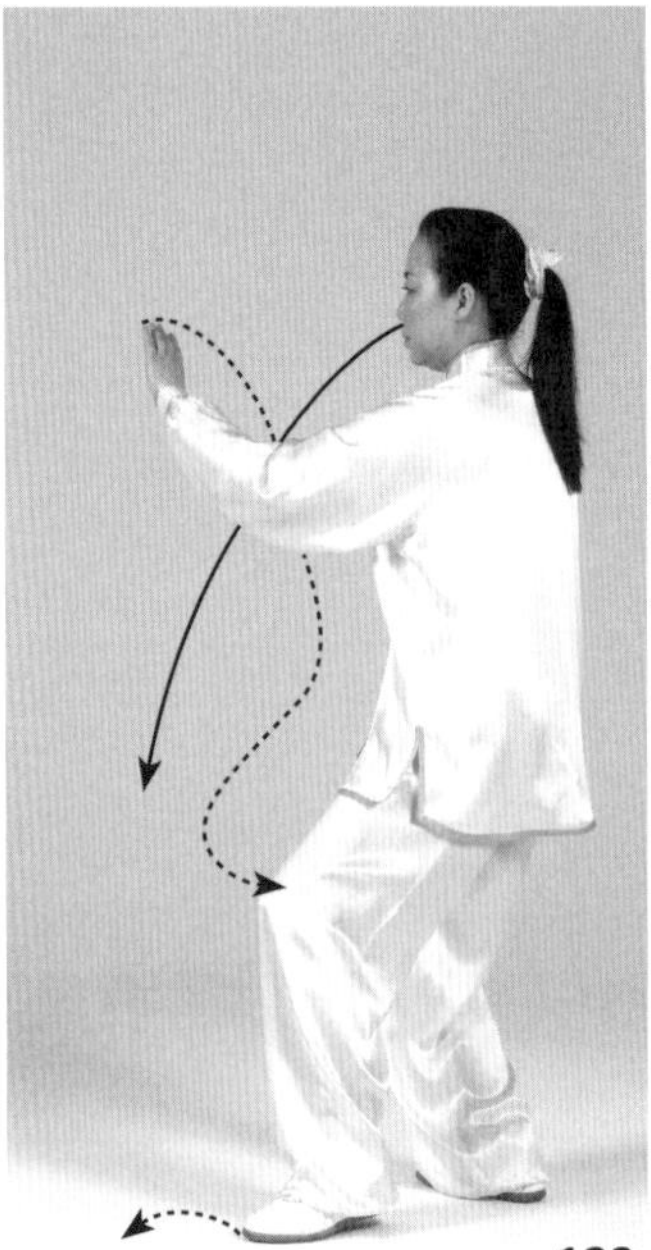

123

1◎跟歩引手（ゲンブーインショウ）

重心を左足に移して、右足は半歩前に進めつま先で着地する。両掌はやや下におろす。目は前方を見る（写真122）。

2◎後坐提手（ホウヅゥオティーショウ）

右足を踏みしめて、重心を右足に移しながら体を右に回す。同時に、右掌は下に弧を描いて、右股関節のそばを通って耳の横へ引き上げ、掌心は内向き指先は前に向ける。左掌は体を右に回すにしたがって右へ弧を描きながら腹部の前におろし、掌心は下に向ける。目は右前方あるいは前方を見る（写真123）。

124

3◎虚歩挿掌（シュイブーチャージャン）

体を左に回しながら、右掌を耳のそばから前下方に挿し出し、掌心は左に向け指先は斜め下に向ける。左掌は弧を描きながら膝の前を通って左大腿のそばに移し、掌心を下向きにして指先は前に向ける。同時に、左足を少し前に移し、つま先を着けて虚歩とする。上体はやや前に傾ける。目は右掌を見る（写真124）。

要点

①重心を右足に移す時、つま先を軸として踵を内側に回し、徐々に踏みしめる。右つま先は西北約45度に向ける。

②動作を完成する時に、体はやや前に傾けるが限度は約30度までで、傾け過ぎないように注意する。

20

閃通臂《シャントンベイ》

125

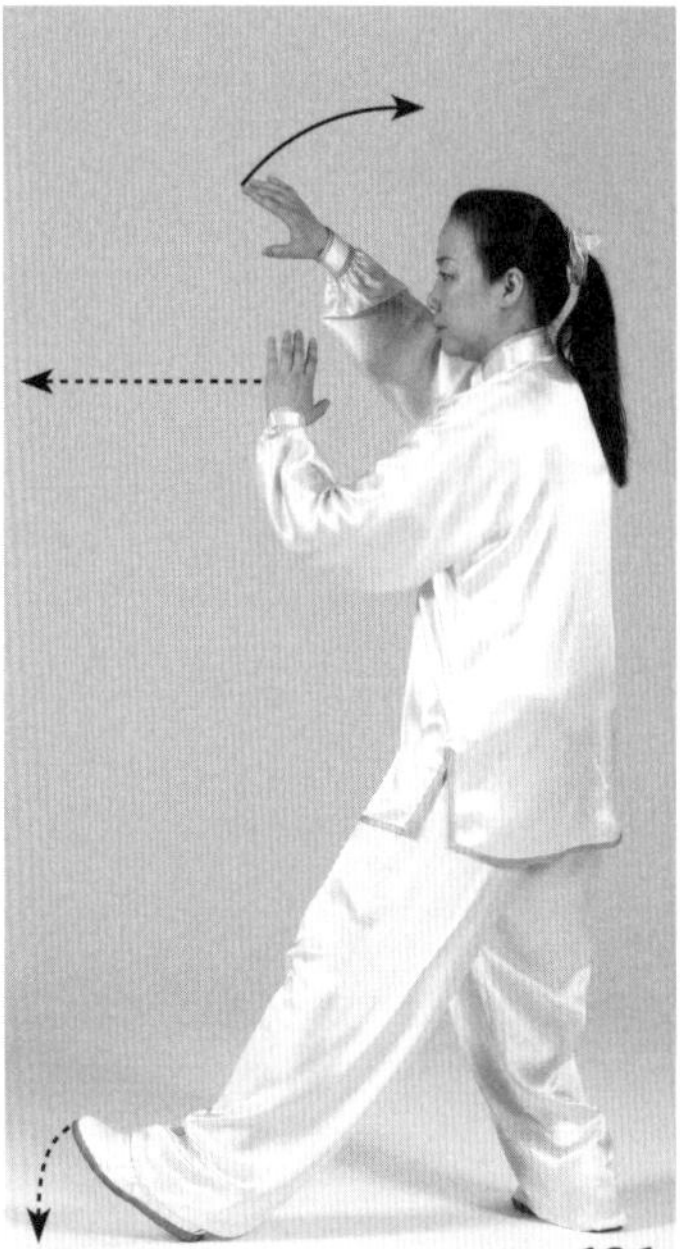

126

1◎提手収脚（ティーショウショウジャオ）

左足を緩めて右足に寄せる。同時に、右掌を顔の前に持ち上げ、掌心は横向きにする。左掌は右手首の内側に近づける。目は前方を見る（写真125）。

2◎上歩分手（シャンブーフェンショウ）

左足を一歩前に踵から踏み出す。同時に、体をわずかに右に回す。右掌心を外向きに徐々に変え、両掌は前後に分け開く。目は前方を見る（写真126）。

127

3◎弓歩推撑（ゴンブートイチョン）

左足を踏みしめながら膝を曲げて重心を左足に移し、右足を自然に伸ばして左弓歩とする。同時に、体を右に回しながら左掌を体の前に推し出し、掌心は前向きにして鼻と同じ高さにする。右掌は後ろに頭の右上方に支えるように上げ、掌心は斜め上に向ける。目は前方を見る（写真127）。

要点

①推し出した左掌は左足と上下相対させる。「順弓歩」なので両足の横の間隔はあまりとらない方がよい。

21

転身搬攔捶《ヂュワンシェンバンランチョイ》

128

1 ◎ **転体扣脚**（ヂュワンティーコウジャオ）

体を右に回しながら右膝を曲げて重心を右足に移し、左つま先を内側に入れる。同時に、右掌は後方に弧を描いておろす。左掌は弧を描いて頭の斜め上に上げる。目は右掌を見る（写真128）。

2 ◎ **転体握拳**（ヂュワンティーウオチュワン）

左膝を曲げて重心を左足に移し、右足を左足の内側に引き寄せる。同時に、右掌は

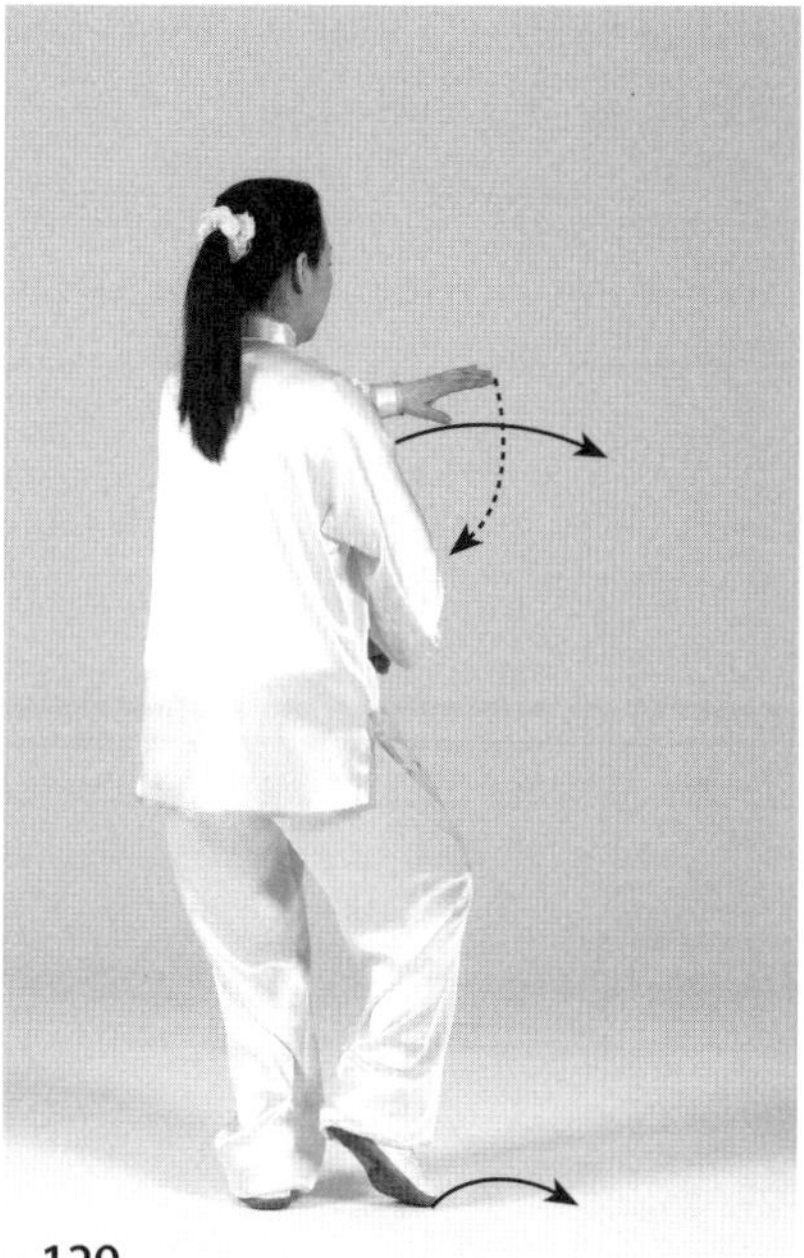
129

130

引き続き下に弧を描き、体の前に拳に変え、拳心は斜め下に向ける。左掌は顔の前におろし、腕を丸くして掌心を斜め外側に向ける。目は左掌を見る（写真129）。

3◎墊歩搬拳（ディエンブーバンチュワン）

体を右に回しながら右足を前に踵から一歩踏み出すと同時に、つま先は外側に開く。右拳は胸の前を通り、拳心を上向きに変えながら体の前に打ち出して（搬拳）、肘はやや曲げ、拳心は上に向けて胸と同じ高さにする。左掌を右前腕の外側から左股関節のそばに押さえるようにおろし、掌心は下に向けて指先は前に向ける。目は右拳を見る（写真130）。

131

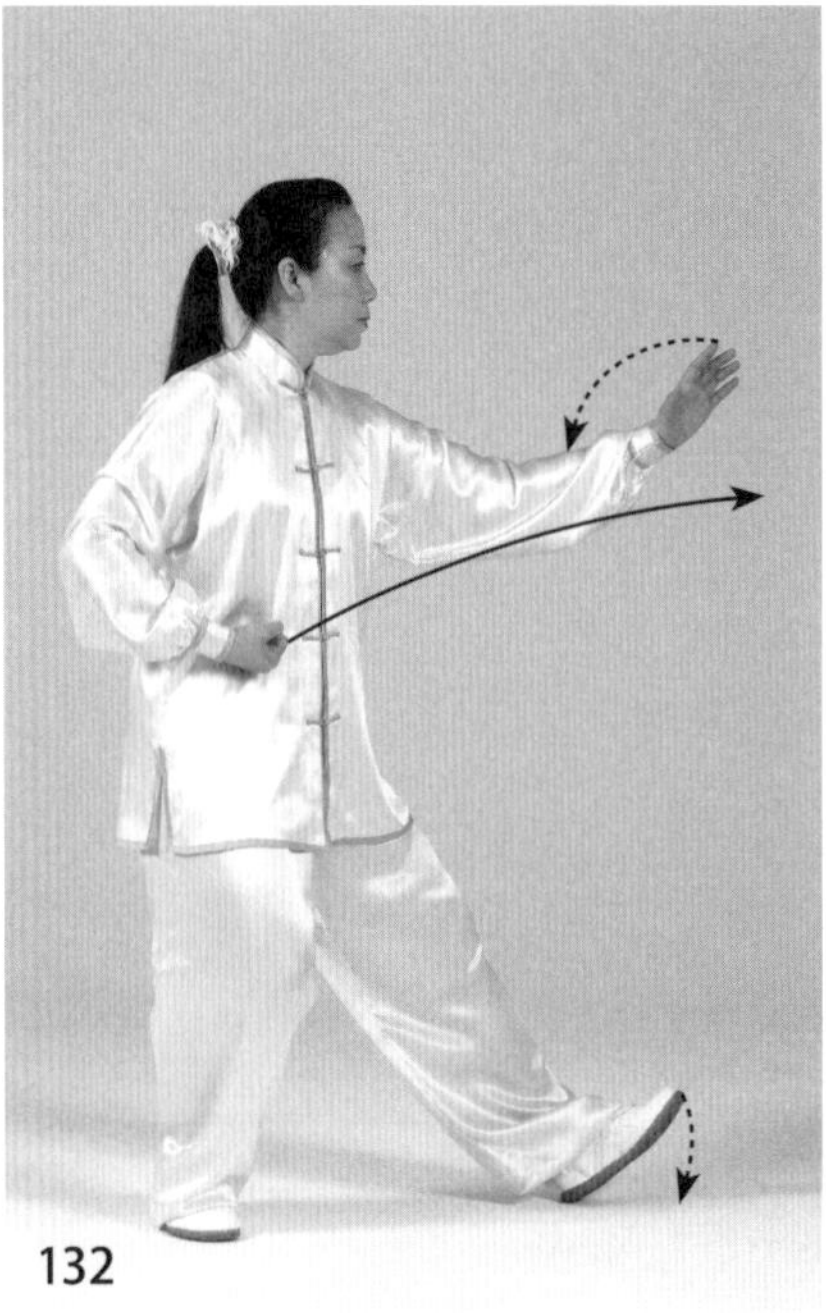
132

4◎転体収脚（チュワンティーショウジャオ）

右つま先を斜め45度に向け踏みしめ、体を右に回して重心を右足に移し、左足を右足の内側に引き寄せる。同時に、右腕を内旋させながら右拳は右側に弧を描き、拳心を下向きに変える。左腕を外旋させながら左掌は弧を描き前に移す。目は前方を見る（写真131）。

5◎上歩攔掌（シャンブーランジャン）

左足を踵から前に踏み出す。同時に、左腕を外旋させながら左掌は前を阻むように移し（攔掌）、胸の高さにして掌心は斜め右向きにし、指先は斜め上に向ける。右腕を外旋させながら右拳を右腰のそばに引き

133

寄せ、拳心を上向きにする。目は左掌を見る（写真132）。

6◎弓歩打拳（ゴンブーダーチュアン）

左つま先を着地させながら左膝を曲げて重心を左足に移し、右足を自然に伸ばして左弓歩とする。同時に、右拳の拳心を横向きにしながら前に向かって打ち出し（冲拳）、胸と同じ高さにする。左掌をわずかに引き、指先は斜め上に向け右前腕の内側にそえる。目は右拳を見る（写真133）。

要点

① この3つの動作は手と足の動きを協調させながら、途切れなく行なうようにする。

22 如封似閉《ルーフォンスービー》

134

1◎穿手翻掌（チュワンショウファンジャン）

左掌は右前腕の下から前に突き出しながら掌心を斜め上に変え、同時に右拳を掌に変える。目は前方を見る（写真134）。

135

2◎後坐引収（ホウヅゥオインショウ）

右膝を曲げながら重心を後ろ足に移し、左つま先を反らせる。同時に、両掌を体の前に引き寄せ、両掌心を前方下に向ける。目は前方を見る（写真135）。

要点

① 両掌は真っ直ぐ直線的に引き寄せないで、弧を描いて下におろし、掌心を変える時は両肘を体につけてはいけない。

136

3◎弓歩前按（ゴンブーチェンアン）

左つま先を着地させせながら左膝を曲げて重心を左足に移し、右足を自然に伸ばして左弓歩とする。同時に、両掌を前方に向かって推し出す。両掌心ともに前に向け、肩と同じ間隔にして、手首は肩と同じ高さにする。目は前方を見る（写真136）。

23 十字手《シーズーショウ》

137

1◎転体扣脚(チュワンティーコウジャオ)

体を右に回し、右膝を曲げ重心を右足に移し、左つま先を内側に入れる。同時に、右掌は弧を描きながら右に動き、左掌は体の回転につれてやや前に移す。目は右掌を見る(写真137)。

138

2 ◎ 弓歩分手（ゴンブーフェンショウ）

引き続き体を右に回して右つま先を外側に開き、右膝を曲げ左足を伸ばして右横襠歩とする。同時に、右掌は続けて右に動かし、両掌は左右に開く状態にする。両掌心ともに斜め外側に向け、肘はやや曲げる。目は右掌を見る（写真138）。

要点

①「横襠歩（ホンダンブー）」は「側弓歩（ツォーゴンブー）」ともいい、右つま先を斜め前に向ける。その他は弓歩の要点と同じ。

3 ◎ 転体落手（ヂュワンティールオショウ）

重心を左足に移して右つま先を内側に入れる。同時に、両掌は弧を描きながら下におろし、腹部の前で右掌を下にして手首を

139

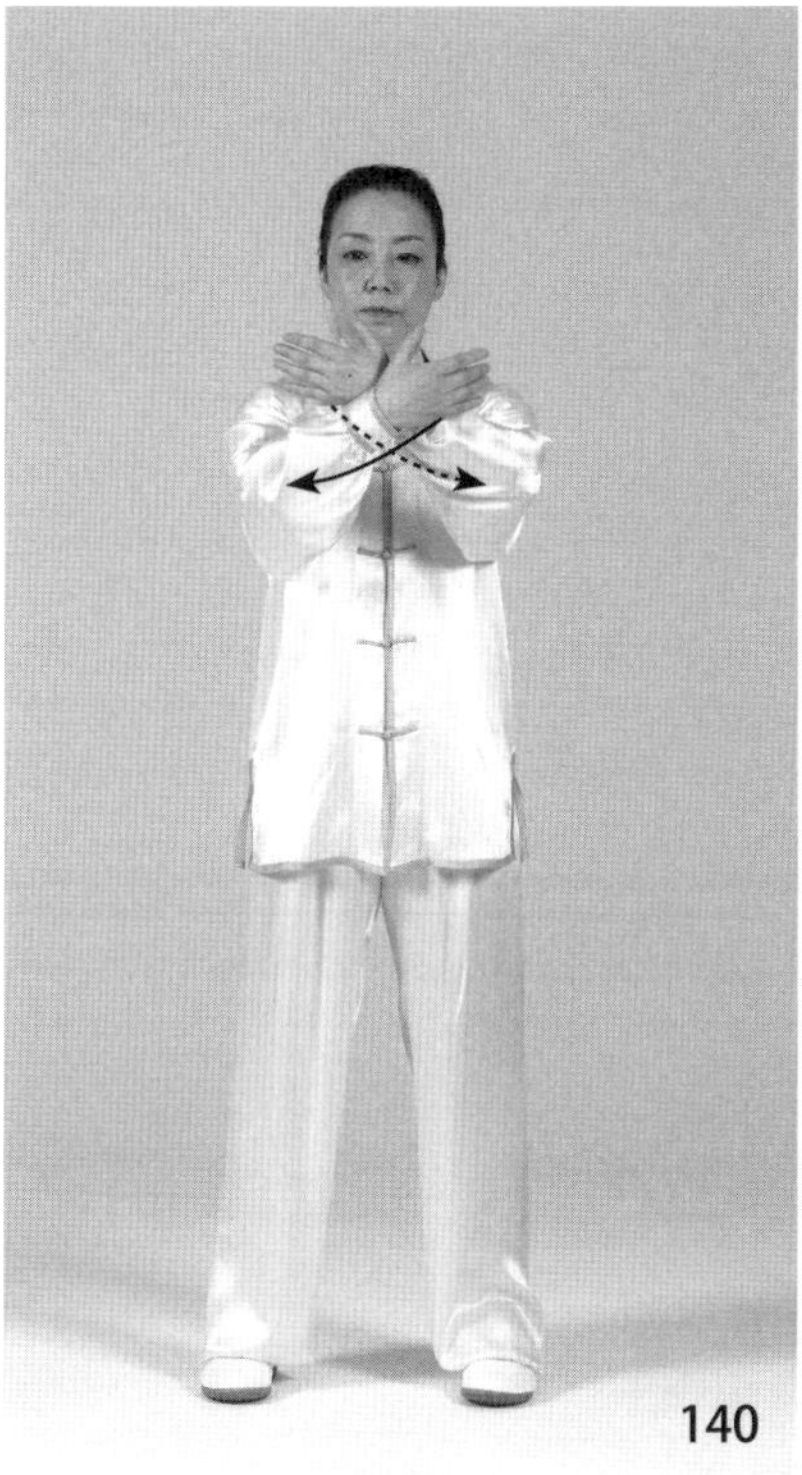

140

交差させる。視線は右掌に沿って移動する（写真139）。

4◎収脚合抱（ショウジャオホーバオ）

引き続き重心を左足に移し、右足を左足との間隔が肩幅と同じくらいまで引き寄せて、つま先から徐々に足全体を着地させる。同時に、両掌を胸の前に上げ、右掌は外側にし両掌心ともに内側に向け、両腕は円を保ち手首は肩と同じ高さにする。目は前方を見る（写真140）。

要点

①この動作は重心の移動が大きいので途切れなく、続けて行なうように注意する。頭を下げたり、臀部を突き出したりしてはならない。

24

収勢《ショウシー》

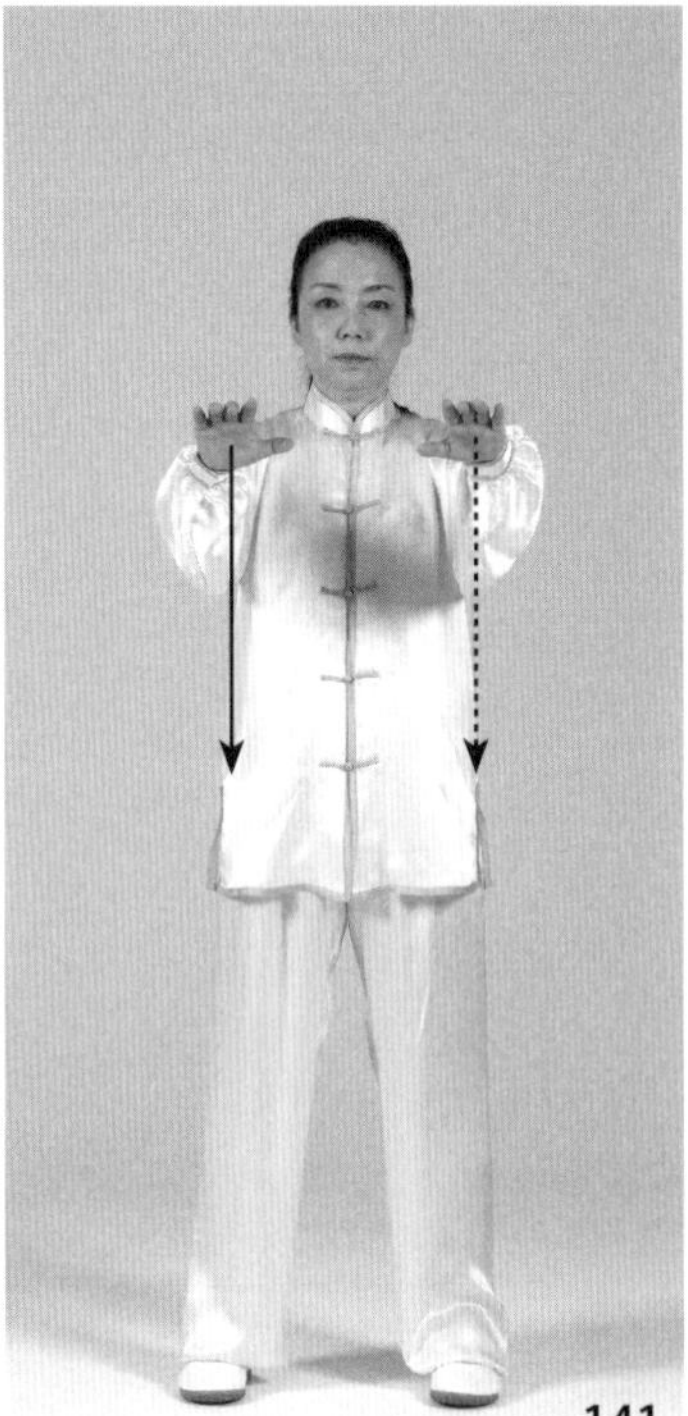

141

142

1◎翻掌分手（ファンジャンフェンショウ）

両腕は内旋させながら、両掌心は下向きに変え左右に分け開き、両掌は肩と同じ幅にして肘をやや落とす。目は前方を見る（写真141）。

2◎垂臂落手（チュイベイルオショウ）

両腕をゆっくりと股関節の両側におろす。目は前方を見る（写真142）。

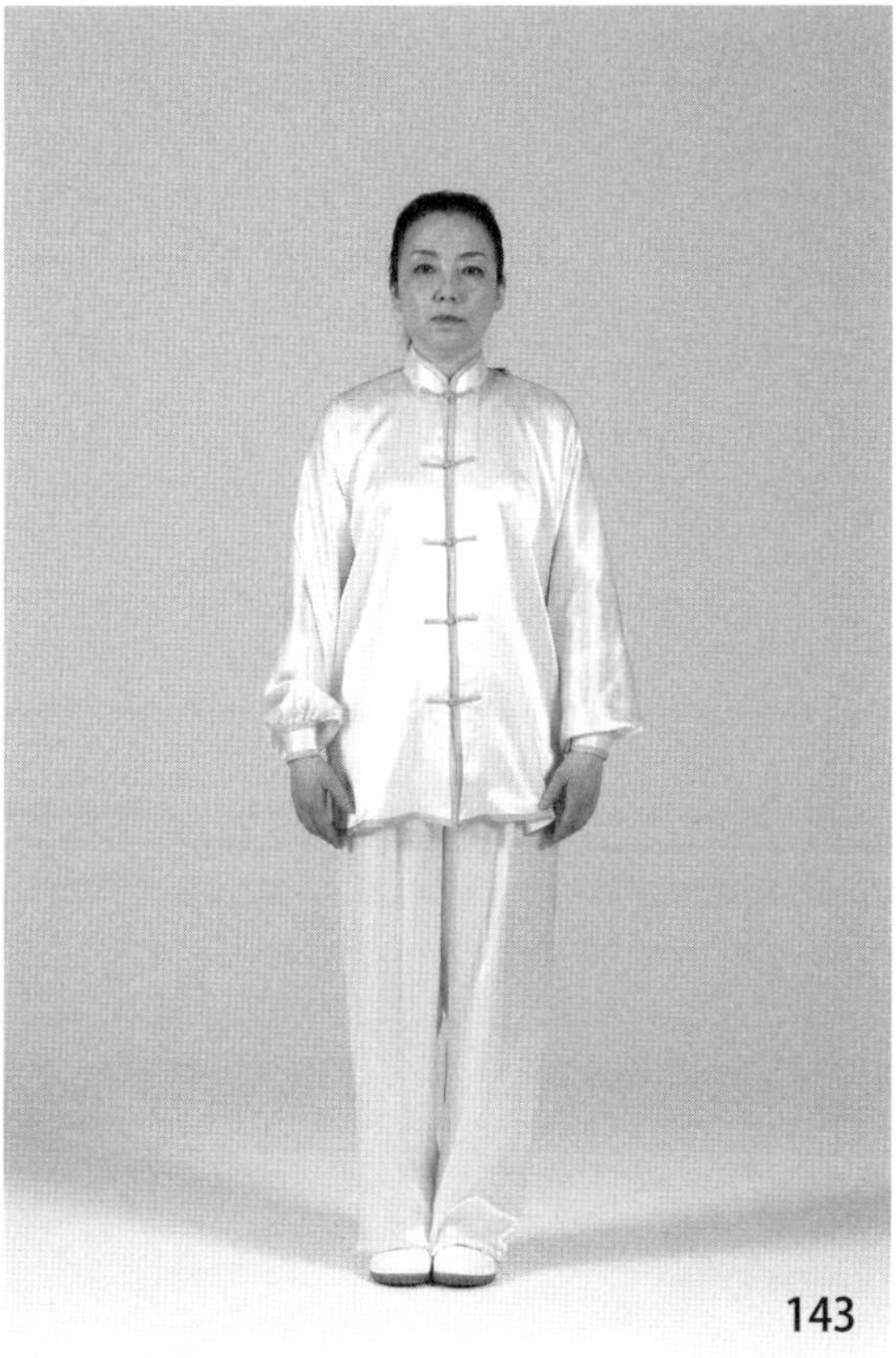

143

3◎並脚還原（ビンジャオホワンユァン）

重心をゆっくりと右足に移し、左足を右足のそばに引き寄せ、つま先から着地して踏みしめ、つま先は前向きにして両足をそろえる。目は前方を見る（写真143）。

要点

①両腕を下におろす時は自然にして、両肘や両手首を曲げ過ぎたり、伸ばし過ぎたりしないように、また、気も丹田まで沈める意識を持って行なう。

簡化二十四式太極拳
動作の路線図

凡例

足の位置と動き（点線は左、実線は右。以下も同じ）を表す。足印の中の括弧のない番号は動作の順番を、括弧内のものは動作の左右式、重複動作を表す。空白の足印は動作の途中を表す。

足裏の前部分を示す。

足の踵を示す。

独立勢の中の上げるほうの足を示す。

蹬脚の蹴り出す足を示す。

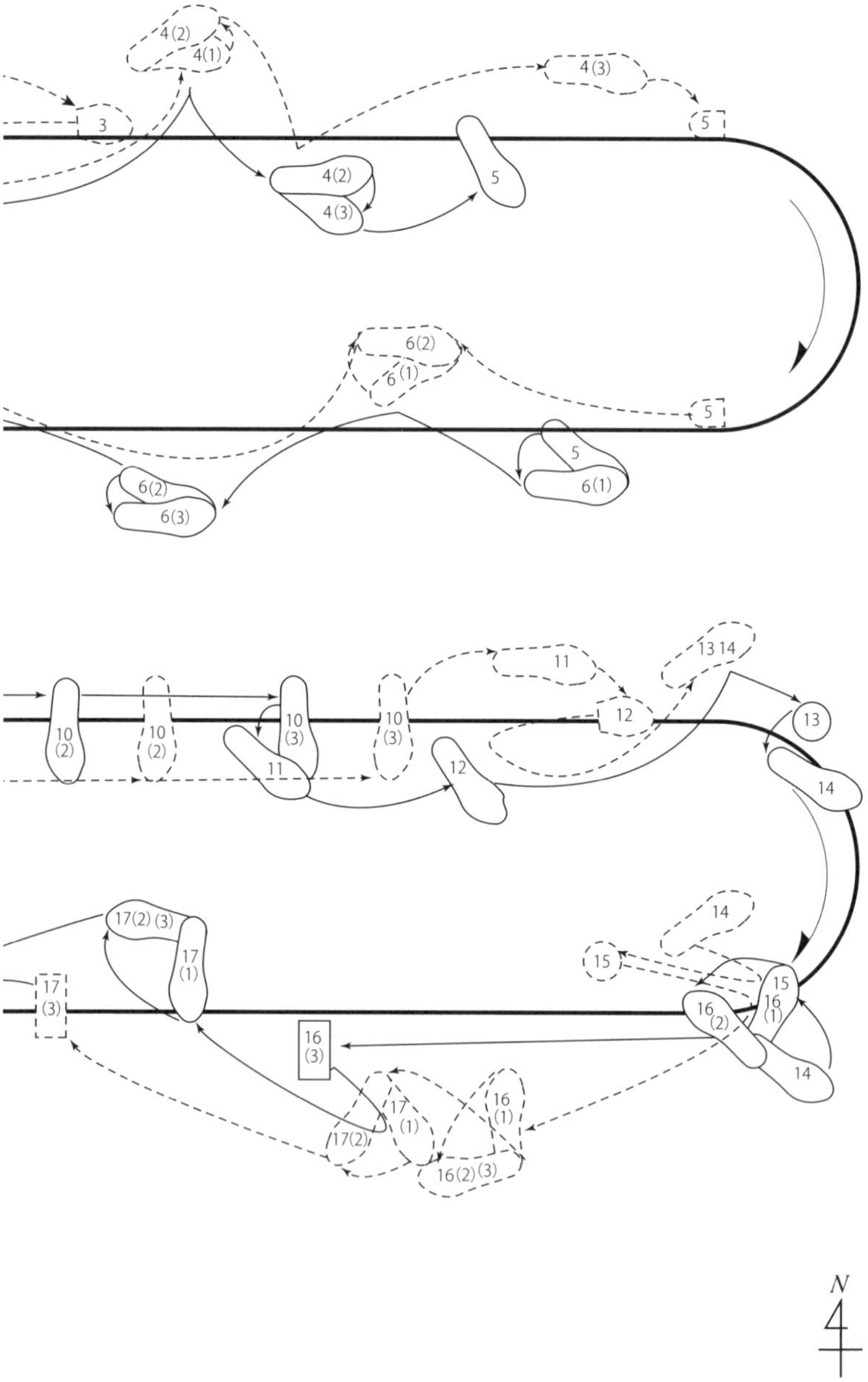

4(2)
4(1)
4(3)
3
5
4(2)
4(3)
5
6(2)
6(1)
5
5
6(1)
6(2)
6(3)
13 14
11
12
13
10
(2)
10
(2)
10
(3)
10
(3)
11
12
14
14
15
17(2)(3)
17
(1)
17
(3)
15
16
(1)
16
(2)
14
16
(3)
17
(1)
16
(1)
17(2)
16(2)(3)
N

開始位置

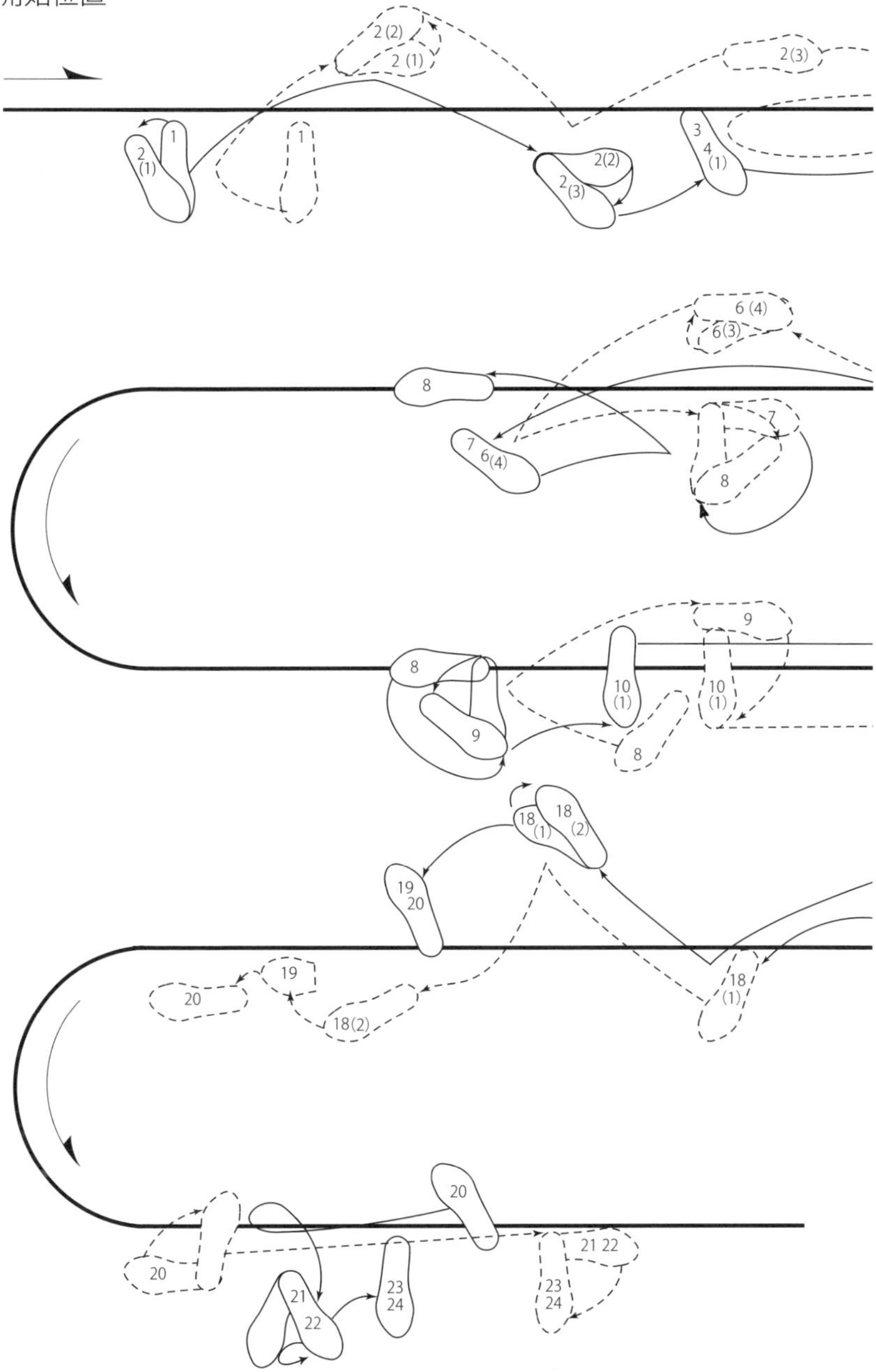

2(2)
2 (1)
2(3)
1
2
(1)
1
2(2)
2
(3)
3
4
(1)
6 (4)
6(3)
8
7
7
6(4)
8
9
8
10
(1)
10
(1)
9
8
18
(1)
18
(2)
19
20
19
20
18(2)
18
(1)
20
20
21
22
23
24
21 22
23
24

著者紹介

李 徳芳（り・とくほう）

1958年代々武術家の家に生まれ、幼少より父である李天驥（中国十大武術名師の一人）について武術を学ぶ。形意拳、太極拳、八卦掌、武當太極剣などを得意とする。1981年北京師範大学卒業。同大学の武術講師に就任。1982年・1983年と、2年連続で全中国武術観摩交流大会の優秀賞を獲得。1985年4月より1986年4月まで1年間来日し、東京太極拳協会で指導。1988年に再度来日、以来現在まで、公益財団法人 日中友好会館・日中健康センター、日中太極拳交流協会で、夫君の呉増楽とともに太極拳の指導・普及にあたっている。龍飛会代表。著書に『32式太極剣入門』、『48式太極拳入門』、『42式総合太極拳』、『42式太極剣』、『規定揚式太極拳』、『太極扇』等がある。また『簡化太極拳24式』、『総合太極拳』などのDVDでも示範・解説多数。中国武術八段。

呉増楽（ご・ぞうらく）

1953年生まれ。1977年北京師範大学体育学部を卒業、同大学講師に就任し、1982年体育理論（健康・訓練・教学理論など）を講義。1986年同大学大学院に入学（体育理論専攻）、在学中より李天驥に直接指導を受ける。1988年来日し、公益財団法人 日中友好会館・日中健康センターにおいて、夫人李徳芳とともに太極拳・健康法の指導、普及にあたる。龍飛会代表。

見やすい！分かりやすい！

簡化二十四式
太極拳入門

《新装改訂版》

2014年10月30日　初版第1刷発行
2024年　2月15日　初版第3刷発行

著　者　李 徳芳　呉 増楽　発行者　東口 敏郎
発行所　株式会社ＢＡＢジャパン
〒151-0073 東京都渋谷区笹塚 1-30-11 中村ビル
TEL　03-3469-0135　FAX　03-3469-0162
URL　http://www.bab.co.jp/　E-mail　shop@bab.co.jp
郵便振替 00140-7-116767
印刷・製本　大日本印刷株式会社
ISBN978-4-86220-867-5 C2077

■ Cover Designer／中野岳人
■ Design／松田デザイン・スタジオ
■ Photo／中島ミノル
■ Illustration／yuu-akatuki